MW01026082

45 AÑOS *de* esperanza

45 AÑOS de esperanza

El milagro de los grupos celulares

DAVID YONGGI CHO

BUENOS AIRES - MIAMI - SAN JOSÉ - SANTIAGO

www.editorialpeniel.com

45 años de esperanza, el milagro de los grupos celulares
Dr. David Yonggi Cho

Publicado por:
Editorial Peniel
Boedo 25
Buenos Aires C1206AAA - Argentina
Tel. (54-11) 4981-6034 / 6178
e-mail: info@peniel.com.ar

www.editorialpeniel.com

Originalmente publicado en coreano por:
Institute for Church Growth con el título:
45 years of hope-ministry

Copyright © 2004 by Dr. David Yonggi Cho
All rights reserved.

Traducido al castellano por: Ariel Kim Dong Joh
Copyright © 2004 Editorial Peniel.

Diseño de cubierta e interior: arte@peniel.com.ar

ISBN N° 987-557-057-5

Edición N° I Año 2004.

Ninguna parte de esta publicación puede ser reproducida en
ninguna forma sin el permiso por escrito del autor o la editorial.

Todas las citas bíblicas fueron tomadas de la Versión Reina Valera, revisión 1960,
Sociedades Bíblicas Unidas.

Impreso en Colombia
Printed in Colombia

Contenido

Introducción

Al reflexionar sobre mis cuarenta y cinco años de ministerio, llego a la conclusión de que el sistema celular ha sido la clave del crecimiento de mi iglesia a la luz de la gracia y la bendición de Dios. Dios me ha dado el privilegio de recibir la revelación bíblica acerca del movimiento laico, llamado *sistema celular*. En obediencia al llamado del Espíritu Santo, he capacitado a laicos como líderes de grupos celulares, lo cual ha provocado el crecimiento a nivel de iglesia. El sistema celular es un principio de iglecrecimiento comprobado por la iglesia a nivel de todo el mundo.

En este libro expongo como un panorama el trabajo celular que he llevado a cabo durante todo mi ministerio; los éxitos y los fracasos que he experimentado, los comienzos de mi ministerio, la revelación del sistema celular, la obra del Espíritu Santo en los grupos celulares y los secretos de iglecrecimiento a través del sistema celular.

Puede tomar este libro como un manual teórico sobre el sistema celular. He tratado de escribir sistemáticamente todos los principios que he adquirido durante mis cuarenta y cinco años de servicio, para que resulte un manual útil y práctico para pastores y líderes de grupos celulares. Además, notará algunos temas a desarrollar que he incluído en la culminación de cada capítulo. Recomiendo que estudien estos temas en grupos con los pastores y líderes de grupos celulares.

Mi deseo es que a través de este libro, pastores y líderes laicos con visión de iglecrecimiento, puedan ser inspirados en el ministerio celular. Es mi oración que cada lector experimente un crecimiento sobrenatural en sus grupos celulares e iglesias. Cristo viene muy pronto. Quiero unir mi corazón con el suyo, para que juntos podamos obedecer con fervor la gran comisión que Jesucristo nos ha confiado hasta ese glorioso día.

David Yonggi Cho, Seúl,
15 de enero de 2004

Aclaraciones del traductor

Hoy es muy versátil la definición que uno puede darle al movimiento de los grupos pequeños o grupos celulares. Esto se debe a que el movimiento de los grupos celulares se ha desarrollado en forma variable en todo el orbe por distintos líderes prominentes de la iglesia mundial. La definición en sí de este movimiento, contiene una variedad de expresiones; células, grupos pequeños, grupos familiares, grupos café, etc.

El doctor Peter Wagner dijo: "Hoy el nombre de Yonggi Cho es muy familiar entre los líderes cristianos del mundo cristiano. Él nos ha demostrado que una iglesia local puede crecer a casi un millón de miembros. Él fue quien ha introducido la idea de los grupos celulares". Es decir, el movimiento contemporáneo de los grupos celulares dentro de la iglesia ha nacido del ministerio del Doctor Cho, con el nombre de *Grupos celulares en los hogares* (Home Cell Group), más conocido como *Kyuyeok* en coreano, que literalmente significa grupos pequeños de zona.

Este libro que se encuentra en sus manos, es el resultado de cuarenta y cinco años de historia de la iglesia cristiana más grande del mundo, que actualmente cuenta con más de setecientos cincuenta mil miembros activos. El título original en coreano de este libro es: *Ministerio de esperanza: sus 45 años*, y el subtítulo: *Historia del avivamiento de los grupos celulares*. Un comentarista dijo que este libro era la autobiografía del doctor Cho basada en el ministerio celular.

He tratado de traducir con un lenguaje simple y sencillo, respetando las expresiones del autor. Y como he mencionado anteriormente, existe una gran variedad para expresar una misma cosa, y quiero aclarar aquí que he tratado de ser lo más literal posible en cuanto a términos técnicos como "Sistema celular y Grupos celulares".

Sé que este libro producirá un gran impacto en su congregación, a medida que vaya implementando el sistema celular en su iglesia local.

Ariel Kim, Buenos Aires

Comienzos de la iglesia celular

Comienzos de la iglesia celular

El primer grupo celular de cinco miembros

L a primera reunión de la Iglesia del Evangelio Completo de Yoido fue una reunión de grupo familiar compuesto por cinco miembros. Yo, el líder del grupo celular, la pastora Choi, la sub líder –quien más tarde sería mi suegra– y los miembros eran los tres hijos de la pastora; la hermana Sung-hae –quien sería mi esposa– y dos varones: Sung-soo y Sung-kwang. Asimismo, el comienzo de la iglesia fue muy pobre.

Más tarde logramos adquirir una carpa para usarla como templo. Sin embargo, todas las circunstancias daban a entender que el éxito era algo ajeno para nosotros. El gran y único sueño que tenía la gente era sobrevivir, y nuestra iglesia que solo tenía una carpa, que en ese entonces estaba ubicada al lado de un cementerio, no lucía nada atractiva. Las circunstancias parecían afirmar que el fracaso era nuestro destino. La única luz de esperanza que tenía era el poder y la consolación del Espíritu Santo.

Dentro de una situación tan caótica como esta, Dios empezó a obrar en el grupo celular. Y comenzamos a experimentar un crecimiento. Al ver que los milagros de sanidad y la expulsión de demonios ocurrían en nuestra iglesia, la gente que hasta el momento se mostraba crítica, empezó a acercase a nosotros. Empezaron a correr rumores de que el poder de Dios se manifestaba con mucha fuerza en nuestra iglesia, lo cual motivó a mucha gente a que viniese aún desde distancias considerables. La iglesia creció a tal punto que el número de los miembros llegó a superar el número de población del barrio al cual pertenecíamos.

El carpintero

Antes de que comenzáramos la iglesia en la carpa al lado del cementerio, ya habíamos echado raíces en la zona en forma de grupos celulares. Yo estaba a punto de graduarme en el seminario teológico. Mi intercesora, la pastora Choi, tenía el sueño de construir un orfanato. Unos días antes se había encontrado con la mujer quien años atrás la había dejado vivir en su propia casa, cuando todavía no había acabado la guerra contra los comunistas. Las dos habían mantenido una relación profunda durante tres años, a tal punto que compartían el poco alimento que quedaba para sus familias. El marido de aquella hermana deseaba obsequiarle un terreno de unos tres mil doscientos metros cuadrados, para devolver aquella deuda. El sueño de construir un orfanato estaba a punto de cumplirse. No obstante, el hecho de entregar los papeles de propiedad al supuesto responsable de la construcción resultó en un error, pues nunca volvió a aparecer. La propiedad fue entregada en manos de otra persona, y el sueño se acabó.

Pero ahí fue cuando la hermana Choi recibió la revelación del Espíritu Santo que decía: "No solo son huérfanos los que se han quedado sin sus padres en la carne, sino aquellos que no han conocido al Padre celestial". Y abrió la puerta de su casa para comenzar una escuela dominical para enseñar la Palabra de Dios: se convirtió de esta manera en una madre espiritual.

Mientras tanto yo vivía en la casa del misionero R. A. Jonston, ministraba como traductor de misioneros, y mi único objetivo era seguir mi carrera de teología en los Estados Unidos. Cuando recibí la noticia de que la hermana Choi había abierto un orfanato, decidí ir a verla. Mi único motivo era saludarla y orar por ella por unos minutos. Cuando llegué al orfanato, lo único que vi fue la imagen de una mujer que le estaba quitando los piojos a un par de niños.

– Mamá, ¿cómo has estado? Oí que habías abierto un orfanato, pero veo que luchas con unos piojos.

– Bienvenido. ¿Cómo estás de salud? ¿Has terminado con todos los preparativos para salir al exterior?

– Sí, por supuesto, voy a recibir mi título de doctorado en los Estados Unidos, y espero que me acompañes en oración.

– Confío en que lo lograrás. Eres muy talentoso. Por cierto, viene a mi memoria cuando salíamos juntos a predicar en las estaciones de trenes de Seúl y en la plaza Pagoda. ¿Recuerdas?

– Sí, recuerdo que no nos permitieron subir al tren por el tambor, y al final no tuvimos otro remedio que ir caminando tocando el tambor desde Seodaemun hasta la plaza Pagoda.

– Sí, sí. ¡Qué valentía la que teníamos! No nos sentíamos avergonzados por nada.

– La gente trataba de esconder sus lágrimas cuando te oían cantar alabanzas.

– Sí, pero a la gente le gustó más el mensaje tuyo. Realmente disfrutaba de tus mensajes.

– A propósito, se acerca la temporada de lluvia, y creo que lo mejor sería construir inmediatamente una casa y comenzar allí mismo una iglesia. Estoy seguro que Dios estará contigo.

Apenas terminada la conversación, ya me encontraba ayudando en la construcción de la casa junto con un pastor amigo y un carpintero. El único problema era que no teníamos ni un solo ladrillo. Inopinadamente, una vecina nos ofreció que usáramos todo el material necesario para la construcción de la iglesia, pues una fábrica de ladrillos le debía dinero. Era evidente que la mano de Dios se movía a nuestro favor. La madera que hacía falta para la construcción la compramos al fiado. De esta forma comenzamos a construir lo que en poco tiempo sería nuestro templo.

A mí me tocó planificar la construcción, poner los ladrillos uno arriba del otro; en fin, todo el trabajo de albañilería. Un misionero nos había dado una mano con el tema de la electricidad. Todo iba bien. El único problema era que no teníamos dinero para pagar el material y la mano de obra.

Un día recibimos la visita del administrador de finanzas de la empresa donde alguna vez había trabajado la hermana Choi. El motivo de la visita era por un sueldo que le debían a mi futura suegra. Esto fue el segundo milagro. Yo preguntaba: "¿Cómo puede ser que la gente venga a traernos dinero? Podríamos haber sido totalmente ignorados".

Indudablemente, Dios había depositado el dinero para la construcción de su iglesia.

– Aleluya. Gracias, Dios.

Todos estábamos impresionados por la guía sobrenatural de Dios, y llegamos a pensar que Dios tenía un propósito especial para nuestras vidas. La suma de estos milagros hizo que pudiéramos pagar ese mismo día todo el costo de material y mano de obra.

Yo mismo diseñé la casa en tres habitaciones y una cocina. Las puertas que dividían las habitaciones eran corredizas, esto era para aprovechar el poco espacio que teníamos para usarlo como templo. Este fue nuestro lugar de culto en forma de grupos celulares hasta el momento que nos mudamos a la carpa.

El púlpito de caja de manzanas

Un 18 de mayo de 1958 comenzamos la primera reunión, y la pastora Choi había puesto varias cajas de manzanas envueltas con tela, para usarlas como púlpito. Recuerdo que fue un día miércoles.

Antes de inaugurar el templo, la pastora Choi comenzó a recorrer toda la zona para anunciar las buenas nuevas, mientras ayudaba a cultivar ajíes, a quitar las malas hierbas, y había conseguido la palabra de cinco personas que iban a estar en el culto esa noche.

Cuando vivía en la casa del misionero Jonston y preparaba mis papeles para seguir mis estudios en los Estados Unidos, recibí una llamada por parte de la pastora Choi.

– Hermano Cho, ¿podrías dirigir el culto de esta noche en mi iglesia? Comienza a las 19:00.

– ¿Es algún culto especial?

– Bueno, podríamos ponerle el nombre de culto de inauguración del templo. Cinco personas han prometido venir.

Acepte la invitación. Estaba tan entusiasmado que llegué a la iglesia con una hora de anticipación. Subí a la montaña, y recibí el mejor banquete como cena: arroz con cebada. Contábamos los minutos, pero ni siquiera una persona se había presentado hasta las 20:00, y llovía.

– Hermano Cho, perdona. Cinco personas me habían prometido que iban a estar presentes, pero...

– No se preocupe, Dios va a ayudarnos.

Así comenzamos nuestra iglesia; yo, la pastora Choi, y sus tres hijos. Por lo menos, coincidíamos en un número: el cinco. Cantamos al Señor con todas nuestras fuerzas, y aunque tenía cuatro personas delante escuchando mi mensaje, tenía la certeza de que donde o tres se reunen en el Nombre del Señor, ahí estaría Jesús, e imaginaba a multitudes que cubrían aquel lugar. Recité en voz alta los versículos de Marcos 16:17-18: *"Y estas señales seguirán a los que creen; en mi nombre echarán fuera demonios; hablarán nuevas lenguas; tomarán en manos serpientes, y si bebieren cosa mortífera, no les hará daño; sobre los enfermos pondrán sus manos, y sanarán"*.

– Si usted cree en esta palabra, diga: amén.

– Amén.

Apenas logré oír un suave amén.

"Oremos: Señor, sabemos que hay mucha gente en esta comunidad, pero no ha venido ni una sola persona en esta noche. Pero por fe visualizo a treinta, sesenta, cien personas. Tu palabra dice: Según tu fe sea hecho. Abre tu boca y yo la llenaré. Sin visión, el pueblo perece. Te pido, Señor, que todo Daejodong 30 llegue a los pies de Jesucristo. En el nombre de Jesús. Amén."

Sentí una enorme fuerza interior que me impulsaba. Mis ojos no percibían las circunstancias, sino visualizaban por medio de la fe. Me sentí lleno de la gracia de nuestro Señor Jesucristo, y comencé a predicar con todo mi ahínco un tema que lo titulé: "Estas señales seguirán a los que creen": "Jesucristo vino a deshacer toda obra del diablo. Jesús sanó a la mujer que padecía flujo de sangre por doce años, levantó a Lázaro de entre los muertos, expulsó a los demonios y sanó toda clase de enfermedades. Cristo vive y obra en nosotros. Jesucristo es el mismo ayer, hoy y por los siglos de los siglos. Crea en Cristo. Reciba a Cristo. Estas señales seguirán a los que creen; corazones son transformados, la enfermedad y la pobreza son quitadas y los demonios son echados fuera, en el Nombre de Jesús".

Predicaba con toda mi alma, hasta que noté que una abuela se asomaba a la puerta principal de la iglesia.

– Hola, hermana, ¡aleluya! ¿Me has esperado?

Repentinamente, la pastora Choi no dudó en levantarse y salió corriendo para recibirla.

– Hola, abuelita. Es bienvenida.

Luego de una larga pausa, conseguí continuar con mi sermón. Aunque tenía a cinco personas y a una abuelita que no entendía mi sermón, me sentí muy entusiasmado al predicar la Palabra de Dios.

Luego decidí mudarme de la casa del misionero a la casa de la hermana Choi, y entrar de lleno en el ministerio. Pero esto significaba permanecer de rodillas orando diez horas diarias, puesto que nadie nos pedía que visitáramos sus hogares. Clamábamos a Dios desde las 04:30 hasta las 07:00, desayunábamos, y orábamos otra vez hasta el mediodía, Luego, tomábamos un poco de descanso y orábamos otra vez hasta anochecer. Clamábamos tanto que las voces de oración se escuchaban hasta donde estaba la terminal de ómnibus.

De a poco comencé a entender que Dios me había llamado como pastor, aunque por un tiempo en mi corazón seguí con el deseo de seguir mis estudios y desarrollar mi ministerio como teólogo. La primera vez que se cruzó en mi mente la idea de que Dios me había llamado a pastorear una iglesia, fue cuando libraba una tremenda batalla contra la enfermedad, cuando estaba en el seminario.

El llamado

Mi sueño era ser un teólogo; todo lo que guardaba en mi mente era recibir el título de doctorado en una universidad de los Estados Unidos, luego volver a Corea y capacitar a pastores y líderes como profesor de teología. Esto motivó mi corazon a que enseñara al misionero Jonston mi idioma, y preparar todo para seguir mis estudios en los Estados Unidos.

Era un día miércoles, la temperatura había bajado drásticamente, y para alguien como yo que había sufrido de problemas de tuberculosis, el clima no era nada favorable. Y como si esto fuera poco, los doctores me habían detectado neumonía. La temperatura del cuerpo no bajaba de los 40º, y los médicos llegaron a la conclusión de que corría el riesgo de perder la vida.

Hacía mucho frío en el dormitorio del seminario, y me encontraba en un rincón luchando con la enfermedad todos los días. Cuatro días había pasado sin comer, y mis ojos se cerraban. De pronto, sentí que alguien golpeaba la puerta de mi habitación. Era la hermana Choi.

– ¿Te duele mucho? ¿Has comido algo?

No pude contestarle, pues no tenía ni fuerzas para abrir mi boca. La hermana Choi, quien había sido enfermera en el pasado, me dio un antifebril, y también me ofreció un pan de carne. Devoré todo el plato. Pero luego de unos minutos vomité todo lo que había comido, y me desmayé. Era una convulsión estomacal.

Luego me di cuenta que si no hubiese sido por el sacrificio de la hermana Choi y algunos compañeros del seminario, no hubiese podido recuperarme. Esto causó un agradecimiento tan profundo en mi corazón que un día me acerqué a Choi y dije:

– Quiero que seas mi madre espiritual.

Todas estas experiencias me llevaron a meditar en una vasta variedad de cosas. Por ejemplo, descubrí que había dejado a un lado el compromiso de entregar mi vida como pastor y ayudar a los pobres y necesitados. También descubrí una motivación impura que había dentro de mí; mi sueño estaba basado en la sed por la fama y el reconocimiento, y no para la gloria de Dios.

La pastora Choi con hermanas de su grupo celular

Tuve la certeza de que este deseo no era agradable para Dios, y no dudé en arrepentirme y confesar todos mis pecados ocultos.

Luego de esta experiencia, seguí leyendo la Biblia y algunos libros relacionados con teología, así como también nunca dejé de orar con todo el fervor de mi alma. Subía todos los días a una montaña con otros colegas del seminario, para recibir la llenura del Espíritu Santo.

En octubre del año 1957, el famoso evangelista estadounidense H. Herman comenzó a dirigir una cruzada evangelística que se extendería por veinticuatro días. Me tocó servir como intérprete. La guerra había dejado grandes huellas, y la gente estaba hambrienta, buscaba oír alguna palabra de esperanza. El Espíritu Santo comenzó a obrar milagrosamente, y yo sentí que no era el mismo. Predicaba con tanto fervor que luego me informaron que la gente había confundido que yo era el evangelista.

Mis compañeros del seminario venían todas las noches para participar en la cruzada, y luego se quedaban toda la noche orando. Por supuesto, yo no quería ser la excepción. Aún con problemas de salud, me uní al grupo de seminaristas en la intercesión y oración. Mis compañeros me aconsejaron que era mejor prevenir algún síntoma de enfermedad, y que debía descansar. Pero mientras más lo repetían, más me metía en el fuego de la oración.

A través de esta experiencia llegué a la conclusión de que el llamado que Dios me había concedido no era el de ser un erudito, sino un pastor.

La sanidad milagrosa de la mujer paralítica

Un mes había pasado desde la fundación de la iglesia, y habíamos crecido bastante, si consideramos que se trataba de un solo grupo celular. Una de las confrontaciones que tuvimos fue que varias mujeres comenzaron a hacer correr rumores; les decían a las personas que si iban a la iglesia, iban a fracasar en todo.

Un día del mes de junio escuché la historia de una mujer que estaba paralítica hacía siete años. Desde que había dado a luz, nunca había vuelto a caminar.

En seguida cruzaron por mi mente un conjunto de ideas que llegaban a una misma conclusión: el Espíritu Santo sana a los enfermos. Las experiencias como intérprete y la lectura de varios libros de predicadores famosos a nivel mundial, me motivaron a llegar a esta determinación: Jesús dedicó la mayor parte de su ministerio a la sanidad, y entonces exclamé:

– Sanaré a esta mujer paralítica a través de la oración.

Se trataba de una mujer que vivía en una choza. Al acercarme a la choza, logré oír el lloro de un bebé. Traté de no estorbar, y abrí la puerta lo más silenciosamente posible. Era un lindo día de primavera, pero no era ese el clima en la casa de esta mujer. La vi acostada sobre el piso junto a su bebé, estaba literalmente secándose, lo que hizo doler mucho mi corazón. El olor era intolerable debido a la acumulación de siete años de excrementos, y no tenía a nadie que le mostrara cariño y amor. La hermana Choi ayudó a la paralítica a darse un baño.

Luego de un rato, comenzamos a cantar alabanzas:

"El lloro no me salvará.

Solo la sangre de Jesús me salvará".

Nosotros éramos pobres, ¡pero esto era mucho peor! Junto con la pastora Choi tomamos a la hermana de la mano y oramos con lágrimas en los ojos. "Padre Dios, hoy te pido que sanes la parálisis de esta hermana. Tú has sanado a un hombre paralítico enfermo por treinta y ocho años... te pido que tengas misericordia de esta hermana. ¡Espíritu de parálisis, en el nombre de Jesús, te ordeno que sueltes esta atadura!"

El Sol estaba inclinándose hacia el occidente. Esa noche, luego de cenar una exquisita sopa de maíz, comenzamos a orar junto con la pastora Choi por esa hermana paralítica. Oramos toda la noche. Y al día siguiente fuimos a visitarla nuevamente, esperando que un milagro hubiera sucedido. Pero la situación no había cambiado.

Al cuarto día, cuando la visitamos otra vez nos recibió su esposo: con una sonrisa en su rostro nos dio la buena noticia de que su esposa había mejorado.

– Claro que sí. Por las llagas de Jesús fuimos nosotros curados, dice la palabra. Solamente crea, y no tema. Su esposa va a ser sanada sin lugar a dudas.

Junto con la pastora Choi impusimos nuestras manos sobre la mujer paralítica, y empezamos a orar en lenguas y a reprender al espíritu de enfermedad.

– En el Nombre de Cristo Jesús, espíritu de parálisis, te ordeno que salgas.

– En el nombre de Cristo Jesús, recibe la sanidad.

Oramos y reprendimos la enfermedad durante varias horas, y cada vez que pasaban los minutos nos encontrábamos traspirando más y más y nos quedábamos disfónicos. ¡Pero el milagro había acontecido!

– ¡Jesús! ¡Aleluya! ¡Soy libre, soy libre! –repentinamente, la mujer comenzó a gritar. Cuando abrimos los ojos para ver qué sucedía, su rostro resplandecía. No había duda de que el Espíritu Santo estaba operando un milagro. Pronto nos vino a la memoria aquel versículo bíblico de Santiago 4.7, que dice: *"Resistid al diablo, y huirá de vosotros"*, y comenzamos a reprender al diablo.

– ¡Espíritu de parálisis, espíritu de enfermedad, espíritu de pobreza, te ordeno en el nombre de Jesús, que sueltes a esta mujer! ¡Fuera!

45 años de esperanza, el milagro de los grupos celulares

La temperatura de la habitación se había elevado; era el calor del Espíritu Santo y el amor de Dios. Todos traspirábamos en la habitación, y la mujer temblaba. Algo interesante era que el niño dormía en medio de todo este alboroto.

Fue en ese momento, cuando la mujer comenzó a hacer un esfuerzo terrible para levantarse. No sabíamos cómo, pero lo importante era que intentaba levantarse por sí sola. Su esposo, que la observaba desde un rincón de la habitación, estaba con su boca abierta, muy asombrado.

– Gracias, Jesús. Gracias, Dios –la mujer dio otro grito.

Cuando logró levantar la parte superior de su cuerpo y apoyarse contra la pared, la pastora Choi se acercó para limpiarle el sudor, y le preguntó por qué había intentado levantarse por sí sola, a lo cual le respondió:

– Cuando ustedes oraban por mí, sentí como un viento fresco. Fue como un viento en medio del campo. De repente, sentí que el dolor había desaparecido, y grité con toda mi voz... todavía no comprendo por qué lo hice. De todas maneras, gracias, muchas gracias. Mi madre falleció cuando yo era niña, y viví toda mi vida sola...

No pudo contener sus lágrimas, y comenzó a llorar abrazada a la pastora. Luego de unos minutos, impuse mis manos sobre la mujer y comencé a orar en lenguas. Fue en ese momento que, para mi asombro, la mujer recibió el don de hablar en lenguas, lo que era evidencia de que había recibido la llenura del Espíritu Santo.

Con la autoridad de Jesucristo, seguí reprendiendo a la enfermedad.

– En el Nombre de Cristo Jesús, eres libre de la parálisis.

– ¡Levántate en el Nombre de Jesús!

El milagro siguió manifestándose. Al oír mis palabras, ella comenzó a caminar por sí sola, apoyándose en la pared.

– ¡Aleluya! ¡Gracias, Dios!

– Camina, camina. ¡Cristo vive!

Alabamos a Dios por el milagro. Le costaba dar los pasos; sin embargo, para una mujer que no había dado ni un solo paso durante siete años, era un milagro. Al día siguiente tuvimos el privilegio de recibir a la mujer en nuestra iglesia. Una persona más se sumaba a nuestro grupo celular.

El día en que la mujer vino al culto, toda la ciudad quedó asombrada. Una mujer que tenía contados los días para su funeral, había sido completamente sanada. Sobre todo, las hechiceras del barrio quedaron asombradas por el milagro.

Volver a los tiempos gloriosos del avivamiento de Pyongyang

La sanidad milagrosa de esta mujer hizo que la gente se interesara por la iglesia. Comenzaron a pensar que "algo" había en nuestra iglesia, y los rumores de que las hechiceras temían a todo lo sucedido, motivó aún más a la gente para acercarse a nuestra iglesia. Una de las primeras personas que llegaron a la iglesia fue una hechicera que iba dos veces al año a la casa de la parálitica para echar fuera la enfermedad. Eran dos desventajas que esta había sufrido: en primer lugar había perdido su clientela; y en segundo lugar, había perdido toda su reputación.

La iglesia comenzó a llenarse de gente, y acontecían cosas muy parecidas a las de la iglesia primitiva. Brujos, magos y exorcistas recibían a Jesús y traían toda clase de libros relacionados con el ocultismo, y lo quemábamos; personas alcohólicas, otras con tuberculosis, en fin, todas las enfermedades que podríamos nombrar, estaban ahí presentes. Más que una iglesia, parecía una montaña de oración donde venían los más necesitados.

Era un domingo por la mañana, y la pastora Choi había ganado a una persona nueva que se la veía extremadamente pobre. Ese día prediqué sobre el texto de Marcos 9:43-49: *"Mejor te es entrar en la vida manco, que teniendo dos manos ir al infierno"*. ¿Usted se imagina cuán terrible es el infierno? Hoy hay mucha gente que se suicida, pero su destino es el infierno".

De pronto noté que la hermana nueva lloraba. Y pensé: "este mensaje es muy fuerte". El Espíritu Santo estaba conmigo. Al terminar el mensaje, tuvimos un tiempo prolongado de oración con arrepentimiento. Luego, hice el llamado a la salvación. Sabía cuán importante era confesar el pecado y recibir a Jesús como Señor y Salvador. A partir de ese momento, nunca terminé una reunión sin hacer el llamado a la salvación.

– Hoy Jesús lo llama. Si usted desea recibir a Jesucristo como su Señor, póngase de pie, por favor. No sabemos la hora en que Dios nos llamará a su presencia. Póngase de pie. Quiero orar por ustedes.

En ese instante, la hermana nueva se levantó con lágrimas en sus ojos, y repitió la oración en voz alta. Luego de ofrendar, invitamos a dar testimonios. La mujer se acercó y dijo:

– Quiero confesar que no sé quién es Jesús; solo que he recibido una invitación, y desde que entré aquí no pude dejar de llorar. En realidad, hace una semana que decidí quitarme la vida, pues no tenía nada para comer. Entonces subí a la colina con mi hijo de cuatro años, y saqué unas pastillas. En el momento que quería darle a mi hijo para que las tomara, comenzó a gritar y a resistirse con todas sus fuerzas, diciendo: "¡No quiero morir! ¡No quiero morir!" De repente, sentí que alguien sostenía mi cuerpo, me di vuelta para ver quién era; era mi esposo. Ayer volví a sentir deseos de suicidarme. Como soy una persona ordenada, pensé que sería mejor lavar toda la ropa sucia antes de quitarme la vida. Entonces fui a la orilla del río para lavar la ropa, cuando una mujer sin preámbulos me dijo: "Quieres morir, ¿no es cierto?" Era como si ella estuviese leyendo mi corazón, pues en ese momento también tenía la ponzoña en el bolsillo. Algo me atrajo a venir aquí, y desde el momento que entré a este lugar, no sé qué me sucede, pero no puedo dejar de llorar. Ahora que escuché el mensaje del pastor, se me fueron los deseos de suicidio. Realmente, no conozco quién es Jesús, pero quisiera creer en Él.

¿Se imagina cómo reaccionó la congregación? Explotó en un ruidoso estallido de aleluya. Junto con la pastora Choi, también lloramos de conmoción y, al ver el fruto, sentí que todo el cansancio y el estrés habían desaparecido. La conversión de esta mujer marcó el comienzo de una nueva etapa a nivel de iglesia.

La mujer que había conmovido a toda la congregación, manifestó sus deseos, pero esta vez no de suicidarse, sino por su cónyuge. Nos enteramos que hasta lo había amenazado; le había dicho que si no asistía a la iglesia, iba a intentar otra vez quitarse la vida; por supuesto, era una táctica no recomendable para convencer a su esposo que llegara a los pies del Señor.

La bendición de Dios se hizo visible en esta pareja; recibieron la llenura del Espíritu Santo, comenzaron a diezmar, y su esposo abrió una fábrica de aserrín.

Era un viernes en una reunión de vigilia, cuando yo me puse de pie movido por el Espíritu Santo y dije:

– Park Felipe, ¿por qué sacas y pones de nuevo el sobre del diezmo de tu bolsillo? ¿Acaso el diezmo es tuyo? Yo cerraré la puerta de tu fábrica.

Cuando mis ojos cayeron sobre esa pareja, efectivamente, vi que estaban con sus rostros inclinados, estaban arrepentidos de sus pecados. Evidentemente, el Espíritu Santo obraba poderosamente. Seguí orando en lenguas, e instantáneamente vino la interpretación.

– Amados hijos míos, ¿creen ustedes que estarán en esta carpa el resto de sus vidas? Miren; yo los llevaré en mi ala de plata, y anunciarán mi palabra hasta los confines de la Tierra.

Movido por el Espíritu Santo, empecé a cantar alabanzas con la compañía de la pastora Choi.

Era un tiempo santo, donde la llenura del Espíritu Santo había llegado en forma esporádica a toda la congregación, y todos recibían la palabra de profecía que salía de mi boca. Las circunstancias eran pésimas, pero yo no vivía el presente, vivía el futuro.

Después de un tiempo se cumplió la profecía dada por Dios, y llegó el día en que la fábrica de aserrín dejó de existir. Fue cuando el esposo se presentó ante la congregación, y testificó de la siguiente manera:

– Al diezmar cinco meses continuamente, nos dejamos llevar por ese pensamiento que retumbaba nuestro corazón, y decía: "No deberían ser tan generosos con Dios". Entonces expresé la idea a mi esposa de diezmar cada tanto tiempo, pues la cantidad que había diezmado me parecía más que suficiente, aunque ella no me dio su consentimiento. Pero insistí dos veces, y coincidimos en obtener un préstamo de dinero. La idea era colaborar con la iglesia, pero para los ojos de Dios resultó ser abominable. Como nos arrepentimos el día que Dios nos reprendió a traves del pastor Cho, el hecho de que hayamos decaído no nos sorprende en absoluto, pues Dios ha tomado la fábrica, y creo que Dios me la devolverá".

También muchos de los pandilleros jóvenes de la zona vinieron a los pies de Jesucristo, de los cuales algunos sirvieron como siervos de Dios por el resto de sus vidas. Era como volver a los tiempos gloriosos del gran avivamiento de Pyongyang de 1907.

La carpa

La mayoría de la congregación vivía en la carpa; hacían la comida en la chimenea, y dormían allí, pero todos se mostraban muy felices, deseaban recibir más de la gracia del Espíritu Santo.

En época de invierno por la noche el piso se congelaba, y la gente ponía bolsas rellenas de paja en el suelo, para dormir. Orábamos todas las noches hasta la 01:00 ó 02:00, y nos despertábamos a las 04:00 para seguir orando.

Durantes las horas de la tarde salíamos por toda la zona con un tambor, proclamando el evangelio. Fueron días de mucho sacrificio, pero en mi corazón rebosaba el gozo y la paz. La iglesia siguió creciendo por el poder del Espíritu Santo, y debido a la gran masa de gente, vimos la inmediata necesidad de adquirir un templo más grande.

Exactamente un año después de haber iniciado la primera reunión de grupo familiar, notamos la necesidad de un lugar más amplio para contener a todos los enfermos que venían en busca de un toque divino. Llegamos a la conclusión de que lo mejor sería adquirir una carpa para instalarla al frente de la casa.

Reunion celular en los comienzos
de la iglesia

Vendimos los ornamentos personales de la pastora Choi –entre ellos un botón de oro– y el dinero así obtenido nos ayudó muchísimo en cuanto a las finanzas: logramos comprar una carpa usada. Pero cuando vi la carpa, observé que tenía agujeros por todas partes, era obvio que el problema iba a complicarse en días de lluvia, aunque la pastora Choi no le dio mucha importancia, y dijo:

– La carpa supera mi expectativa. Gracias, Dios.

Después de comprar algunos sacos rellenos con paja para usar como asientos, armamos la carpa, que después de todo lucía bastante bien.

En pocas palabras, la iglesia del Evangelio Completo de Yoido, comenzó en forma de un grupo celular en la casa de la pastora Choi, y luego nos mudamos a la carpa, la que comenzó a crecer casi explosivamente, y el Espíritu Santo se manifestaba con poder. Actualmente, la carpa se ha convertido en un símbolo de los comienzos de mi ministerio.

La sanidad del cojo

Un día, un limpiabotas que trabajaba en frente a la estación de trenes de Seul, se acercó a la iglesia. Supuestamente, había oído el rumor de que en nuestra iglesia podía recibir sanidad para sus piernas. A pesar de las burlas de parte de un chofer de ómnibus, no abandonó su fe de que algún día podría llegar a caminar.

Era un día otoñal de octubre; el viento frío se hacía sentir en la piel, las gotas de lluvia eran frías como el hielo, y los sacos de paja estaban pegados en el piso por la baja temperatura. Pero, a pesar de todo, la gente llenaba la carpa para adorar al Señor. En medio de la multitud había un jovencito que parecía ser cojo. Eran días de mucho frío, pero cada vez que yo subía al púlpito a predicar estaba todo traspirado, pues predicaba con gran fervor la palabra de esperanza.

– Dios es nuestro buen Padre. Aunque las circunstancias digan lo contrario, si creemos en Jesús y nos paramos sobre la roca de la fe, la bendición de Dios llega a nuestras vidas y transforma nuestro espíritu, alma y cuerpo, y nos da una nueva forma de vivir. Tenga esperanza en Cristo. El enfermo, tenga esperanza en su sanidad; el pobre, guarde esperanza en la riqueza.

Inmediatamente después de haber culminado la reunión, el joven limpiabotas se acercó a donde yo estaba para pedir oración.

– Pastor, quiero caminar, por favor, le ruego que me ayude.

– ¿Realmente crees que puedes ser sanado?

– Sí, pastor, lo creo. Si usted ora por mí, Dios va a sanarme.

Cuando vi la sinceridad de su corazón en sus ojos, empecé a orar por él con toda mi alma. Oré con la misma pasión con la que oraba por la sanidad de mi enfermedad. Toda la congregación se unió en intercesión. No sé cuánto tiempo habrá pasado, pero después de la oración, cuando intenté levantarlo por fe, el joven no mostró ninguna reacción.

Seguí orando. No obstante, la pierna del joven no mostraba ninguna posibilidad de milagro. Lo único que podía hacer era aferrarme más a Dios.

– Dios, ten misericordia de ese joven. Si tú no lo sanas, yo no podré seguir pastoreando esta iglesia. Dios, ten misericordia de mí.

Oré con más fervor que nunca, y mientras más oraba más podía sentir el dolor de este muchacho. De repente, abrí mis ojos, y grité tomándolo de las dos manos.

– En el Nombre de Jesús, te ordeno que endereces las piernas.

– ¡En el Nombre de Jesús, cojo, te ordeno que te levantes ahora, levántate!

Al instante, se oyó un ruidoso estallido de grito de júbilo que hacía retumbar todo el auditorio. El joven estaba dando sus primeros pasos. Toda la congregación fue como arrebatada por un torbellino de alabanza, adoración y acción de gracias. No podía creerlo, solo podía dar gracias al Señor por el milagro.

– Gracias, Señor. Has usado a este siervo. Toda la gloria es para tí. Deseo que tú obres y uses a esta iglesia de una manera sobrenatural.

Para ese momento, el joven cojo ya no estaba caminando, sino saltando de gozo. Para él, era como nacer de nuevo. Este milagro marcó el comienzo de otra etapa a nivel de iglesia, y por causa de los rumores que corrieron de boca en boca, muchísimos enfermos comenzaron a venir, aún desde zonas muy lejanas.

Zona pobre y una iglesia en necesidad

Personas con parálisis, artrosis, tuberculosis, gastroenteritis, en fin, personas con toda clase de enfermedades venían a nuestra iglesia y eran sanadas por el amor de Dios y el poder del Espíritu Santo. Los pandilleros también se convirtieron y llegaron a ser miembros de la iglesia.

Pero en forma paralela, las finanzas siempre nos resultaban escasas. Daejodong era una comunidad pobre, compuesta por personas enfermas y endeudadas.

La suma de ofrendas de un día domingo no superaba los doscientos wones, con lo cual no nos alcanzaba ni siquiera para sostenernos; mucho menos para comprar petróleo. La presión de la escasez era algo que estaba fuera de nuestro control. Comíamos sopa de maiz, un poco de pepino conservado con sal, y el día que me ofrecían sopa de haba era el mejor banquete que podía recibir. Vivir era comer, y comer, vivir.

La remuneración que recibía en el seminario por servir como intérprete era de tres mil wones; de ellos quinientos los usaba para el transporte, trescientos como diezmo, y el resto, dos mil doscientos, era más una cifra simbólica. Con ese poco dinero, la pastora Choi compraba polvo de maíz y un poco de carbón. La hermana Sung-hae, la hija de la pastora Choi, contribuía con tres mil que ganaba por las clases de piano que daba. No tardó el día en que la pastora Choi tuvo que vender su anillo de matrimonio para seguir sosteniendo a su familia.

La hermana Sung-hae comenzó a tocar el órgano –un Yamaha que fue donado por un soldado estadounidense– en todas las reuniones, inclusive en las reuniones de oración por la madrugada. Se levantaba a las 04:30 para tocar, y luego iba al colegio de arte de la ciudad de Seúl, y durante las noches daba clases privadas de piano. La pastora Choi y yo siempre le demostrábamos nuestra gratitud y compasión por el sacrificio que hacía por la familia y la iglesia.

No obstante, si no lo hacíamos de esta forma, no había manera de sobrevivir.

El pijama

Aun con mi debilidad física, me tocaba viajar en un ómnibus repleto de gente, traducir las enseñanzas de profesores extranjeros todos los días, y al instante que abría la puerta de mi casa caía al piso como si fuera una espinaca seca. Aún así, dirigía los cultos de los miércoles y viernes por la noche, y todas las madrugadas. Además, predicaba y oraba con toda mi alma; por lo tanto, cada vez que terminaba de ministrar sentía que iba a desmayarme.

La pastora Choi visitaba distintos hogares durante todo el día, y en las reuniones de la noche oraba por la gente, y siempre estaba presente en las reuniones de oración de la madrugada; aún así nunca se olvidaba de ayunar.

Solo podíamos calentar nuestros cuerpos envueltos en unas sábanas, y recién lográbamos dormir a las 02:00, pues la temperatura de la habitación subía debido al calor de los cuerpos. El hecho de despertarnos a las 04:00 para dirigir el culto, era más intolerable que no dormir toda la noche.

Una noche, me tiré al piso para dormir, pues estaba muy fatigado. De repente, oí la voz de la pastora que me decía:

– Hermano Cho, te traje agua para que te laves la cara, aquí está la toalla. No tardes mucho que ya es hora de culto.

– ¿Quieres comerme crudo, eh? ¿Qué estilo de vida es esta? ¿Sabes a qué hora me acosté? A las 02:00. ¿Quién ha iniciado estas reuniones de oración de madrugada?

En cierta ocasión me desperté temprano para salir a predicar como usualmente solía hacer, pero estaba tan cargado de sueño que pensé que estaba soñando. Todo era un acto reflejo de mi actividad cotidiana; cuando salí al templo, escuché a algunos murmullos que decían:

– No, no puede ser.

Mas nadie se atrevió a avisarme lo que habían visto. Al terminar la reunión, me di cuenta del por qué el murmullo. Fue cuando incliné mi cabeza y vi que en la parte superior estaba vestido de elegante traje, y en la inferior de pijama, ¡y descalzo!

Inmediatamente, corrí a toda velocidad, avergonzado, como si fuera un corredor de cien metros. Era el resultado de la falta de una nutrición apropiada y la acumulación del desgaste físico. No obstante, la congregación tomó este yerro como un acto simpático de mi parte, y tuvo compasión de mí, pues todos sabían cómo era mi estilo de vida.

El humor del gusano

Hubo días en que pasábamos por alto el desayuno y la cena; el desayuno, lo omitíamos por ayunar; el almuerzo, no lo comíamos por estar trabajando; y por último, la cena, nuevamente la salteábamos, porque no había qué comer. Cuando era niño, ni siquiera los mejores manjares me satisfacían, pero durante aquellos días, arroz de cebada y sopa era lo mejor que podía comer; pero ni siquiera eso teníamos para alimentarnos. Los días de hambre ayudaron a mi corazón a entender la miserable situación de mi gente.

La pastora Choi expresaba siempre que sentía lástima al ver a un joven que teniendo todo un futuro por delante, estaba sufriendo consigo en el ministerio, ayudando a los pobres y necesitados con un salario de apenas de mil wones. Días más tarde, también confesó que siempre había guardado un cierto grado de culpabilidad por no haberme dejado ir a los Estados Unidos a seguir mi carrera de teología, y por haberme metido en el ministerio.

En una ocasión la pastora Choi consiguió un poco de cebolla verde y camarones. El menú del día era sopa con camarones.

– Mmmmm… ya con olerlo siento que se me fue el hambre.

– Hermano Cho, disculpa por no poder ofrecerte carne.

Casi me había olvidado cuándo había sido la última vez que había comido sopa con camarones. El destino volvió a burlarse de mí. Un gusano que había estado sumergido subió a la superficie, ¡y estaba nadando! La persona que más se sorprendió fue la cocinera, es decir, la pastora Choi.

– ¡No puede ser, oh Señor!

La miré fijamente a los ojos, y solo atiné a decir en un tono humorístico:

– Oye gusano, ¿quieres que te devore o te salve la vida?

Más tarde me di cuenta que el frasco donde traía los camarones estaba lleno de gusanos en su parte inferior. Lo había comprado a unos familiares de una hechicera. No obstante, como era consciente de la buena intención de la pastora, traté de reaccionar con algún sentido de humor. Aún así, la pastora, como si recordara los buenos tiempos del pasado, no pudo contenerse, y salió corriendo hacia la cocina.

La lotería

Un día, mientras estaba en el seminario, oí un rumor extravagante que decía que alguien había comprado el terreno que rodeaba nuestra iglesia en forma de un círculo, y que debíamos abandonar el sitio. No podía creerlo, y me dirigí de inmediato a la iglesia.

– Mamá, ¿dónde estás? Necesito hablar contigo.

– Calma... ¿qué pasa?

– ¿Acaso no has oído nada? Dicen que alguien compró todo el terreno en derredor de nosotros, y que debemos abandonarlo.

– ¿Qué has dicho?

– Dicen que como los paralíticos y tuberculosos son sanados, somos una secta herética.

No comprendíamos nada; si Jesús mismo sanaba a los enfermos, ¿también era herético Jesús? Era una persecución fuera de lo común, y vimos la gran necesidad de hacer guerra espiritual. En lugar de devolver las críticas, decidimos aferrarnos a Dios. Comenzamos a gemir en oración y ayuno delante de Dios, le pedíamos que solucionara esta adversidad. Un día, una abuela que había sido sanada de problemas estomacales en nuestra iglesia, le preguntó a la pastora Choi la causa de sus lágrimas, a lo cual la pastora confesó todo lo que estábamos sufriendo. Dos días después la abuela se presentó nuevamente delante de la pastora Choi, y le expresó la idea de construir un viaducto, y dijo que su hijo lo haría.

Sin embargo, la idea no era realista, pues la mayoría de la congregación era gente con enfermedades severas, y físicamente eran muy limitados aún para subir y bajar las escaleras.

Días más tarde, en horario de reunión, el viento trajo una página de periódico y lo dejó justo delante de mí. Esto era algo común en esos días, pues la gente envolvía sus calzados con papel de periódico a la entrada de la iglesia. Pero ese día no fue así, porque mis ojos cayeron en un anuncio que decía: "Lotería", y en la parte inferior: "Primer premio; una vivienda. Segundo premio; un automóvil 0 km". Sabía que no debía hacerlo, pero debido a la gran necesidad económica, por un instante, llegué a pensar que "algo" podía suceder. La pastora solo atinó a decir:

– Hermano Cho, ¿qué es? Ah, ya veo, un anuncio de lotería.

– ¿Lotería?

– Si lo hacemos conforme al Espíritu y no a la carne, ¿no crees que puede llegar a ser un canal de bendición de Dios?

– Haber... primer premio, una vivienda; segundo premio, un automóvil 0 km. Bah, mejor dejémoslo aquí. Somos siervos de Dios, y no deberíamos meternos en cosas como estas.

– Sí, ¿pero no crees que esto puede ser del Señor? Recuerda que Dios alimentó a Elías a través de los cuervos.

– ¿Pero tienes doscientos wones para comprar un número? Yo solo tengo veinte.

Esa misma noche pedimos prestado quinientos wones a una persona. Por fin llegó el día del sorteo. Nos dirigimos al lugar donde se realizaba, llevamos algo de maíz para comer, y en el tren no paramos de orar en lenguas y confesar:

– ¡Señor, lo creo!

La gente nos miraba, pero la situación no daba para preocuparse por eso, porque de este sorteo dependían las finanzas de la iglesia. A decir verdad, yo diría que estábamos bastante serios.

Al bajar del tren y al salir a la plaza, lo que vieron nuestros ojos fueron cuatro largas filas. La gente, que por cierto también estaba expectante, ya había venido y ocupado su lugar. No tardamos en unirnos a la fila, y seguimos orando. Hacía tanto calor que me sentía como vertiginoso.

Al fin llegó nuestro turno; la pastora introdujo su mano en el cajón y comenzó a orar. Al ver que tardaba mucho, la gente, casi desesperadamente, comenzó a gritar. Con sus ojos cerrados, Choi agarró un número, lo sacó y lo desdobló. Nada. Se mostró muy desilusionada.

– Hágase a un lado, por favor. ¿No cree que debería haber sacado por lo menos el quinto puesto? Así nos llevábamos un jabón de regalo.

Hablé como avergonzándola. Luego de dar un profundo suspiro, grité con todas mis fuerzas:

– Señor –y saqué un número.

No podía creer lo que estaba viendo. Nada.

– Oye, a ti también te tocó lo mismo.

– Vámonos. ¿Qué te dije? Te dije que no deberíamos meternos en estas cosas.

Sentí tanta vergüenza que adelanté mis pasos, pero vi que ella también estaba desilusionada, a tal punto que lloraba.

– ¿Por qué lloras? ¿Acaso no tienes vergüenza? No le hagas caso. Dios nos enseñará un camino mejor.

Subimos al tren, pero nos sentamos uno al extremo del otro mirando por las ventanillas. La desilusión se hacía sentir en lo profundo de nuestros corazones. Nunca sentí que mis hombros pesaban tanto, y seguí orando, pero esta vez con otro ingrediente llamado queja.

– Dios, no puedo seguir más. Las finanzas están por el piso, y no tenemos ni siquiera un centavo para ampliar la carpa. Voy a renunciar al ministerio.

Fue en ese mismo instante. Dios me mostró una luz de esperanza, a pesar de mis quejas. Y en el momento en que el cine oriental de Seodaemun entró en mi vista, el Espíritu Santo habló a mi corazon:

– Hijo, ¿puedes ver el cine oriental?

– Sí, Señor, lo veo perfectamente.

– ¿Cuántos pisos tiene el edificio?

– Dos pisos.

– ¿Crees que puedo darte un edificio más grande que ese?

– Amén, Señor. Lo creo.

La voz del Señor llevó mis quejas, e instantáneamente, me arrepentí de haberle dicho que deseaba abandonar el ministerio. Sentí que Dios estaba sonriendo. Me acerqué a donde estaba la pastora Choi, y le dije lo que el Espíritu Santo me había hablado. La persuadí a que dijera "amén", a lo cual no resistió, y dijo: "amén".

Después de aquel día no cesamos de orar por una iglesia más grande que el cine oriental de dos pisos. Fueron días de mucho sufrimiento y dolor. ¿Por qué cree que un simple anuncio de lotería me llamó la atención? Simplemente, era un tiempo en que orábamos todos los días en la casa del Señor.

Principios de fundación de iglesias

1. Ten convicción del llamado.

2. Ora y clama con fervor.

3. Deja que el Espíritu Santo obre.

4. Consagra tu vida.

5. Espera y cree en el milagro.

6. Ama a tus ovejas.

7. No mires las circunstancias.

Temas para pensar

1. ¿Por qué piensa que la oración ferviente es importante?

2. ¿Por qué la fe en el poder del Espíritu Santo es importante, y cómo podemos recibirlo?

3. Dé testimonio de una ocasión en que se haya visto derrotado o salido victorioso frente a una adversidad.

Comienzos de la iglesia celular

X

La graduación de la escuela del desierto y un nuevo comienzo en la escuela del ministerio

Dios nunca me había concedido algo de manera fácil y espontánea, sino que debía aprender a luchar, enfrentar adversidades y ganar en la guerra espiritual. Puertas que parecían abrirse –humanamente hablando– se cerraban, y aquellas que parecían inmóvibles se abrían milagrosamente. Así fui aprendiendo gradualmente la soberanía absoluta de Dios.

Dios me había inscripto en la escuela del desierto para fortalecerme, donde no hallaba a nadie que pudiera darme una mano; allí en el desierto, Dios me había puesto junto a la pastora Choi. Tuve que pasar varias veces por el tunel de la muerte, y la unica salida que encontraba era la oración.

El servicio militar

Era una fría mañana de un tres de enero, cuando el cartero me dejó un sobre de color rojizo. Lo había recibido la pastora Choi quien barría la nieve acumulada que había caído durante toda la noche. Era una citación para el servicio militar obligatorio. En mis días del seminario me habían informado que no podía cumplir con el servicio militar, debido a mi estado físico.

– De nada sirvo, si ni siquiera puedo cumplir con el servicio militar. Nací hombre, y no voy a rechazar este llamado de la patria.

Alcé mi rostro para observar cómo los copos de nieve caían desde el cielo, como mostrando un cierto grado de inseguridad en cuanto al mantenimiento de la iglesia. La pastora murmuró:

– A propósito, ¿ahora qué hacemos con la iglesia?

Luego de tanto sufrir y de haber entrado en la etapa del crecimiento, no podíamos creer lo que nos sucedía. Luego de tres años de haber fundado la iglesia, había crecido a más de cuatrocientos miembros, y gracias a la ofrenda de una hermana que había sido sanada de problemas del corazón, habíamos logrado comprar un terreno de casi setecientos metros cuadrados.

En la primavera de ese mismo año teníamos planes para construir un nuevo templo; sin embargo, todo parecía haber desaparecido en un abrir y cerrar de ojos. Solo faltaban veinte días para comenzar el servicio militar.

Los tres años del servicio militar obligatorio parecían una eternidad. La pastora Choi me había ratificado más de una vez que no tenía problemas en orar en reuniones de vigilia, ayunar por varias semanas, pero que nunca se animaba a subir al púlpito para predicar la palabra. No obstante, no parecía haber una solución, y decidimos contratar a un pastor que ministrara por tres años, lo cual no era nada simple. Habíamos hablado con varios misioneros, pero las respuestas eran negativas. Cuando vimos que no quedaban posibilidades, anunciamos a toda la congregación y explicamos detalladamente toda la situación, y seguimos orando todas las noches.

Solo faltaban dos o tres días, cuando recibimos una visita imprevista del misionero John W. Hurston, desde la ciudad de Busan.

– Oh, buenos días, hermano Cho, hermana Choi.

– ¡Qué sorpresa! ¿Acaso no es usted el misionero Hurston? Siéntase bienvenido.

– ¡Aleluya! ¡Mi hermano, mi hermana, qué gusto verlos!

Luego explicó que su visita se debía a la voz del Espíritu Santo que enfatizaba que debía visitarnos. Luego de la charla, el pastor Hurston aceptó la idea de ayudarnos.

Un 30 de enero fue el día que comence a servir a mi patria. Era una fría madrugada, la nieve caía acompañada de un fuerte viento del norte, y debido a la falta de carbón, tuve que salir sin tomar ni si quisiera un vaso de agua caliente. Luego los hijos de la pastora me trajeron pan y leche.

Fui a la ciudad de Nonsan para realizar varios exámenes físicos. El resultado fue: aprobado. Informé esta noticia a la iglesia por medio de una postal. En mi corazón seguía preocupado por la iglesia. A fines de febrero, la pastora Choi junto con varias hermanas líderes de la iglesia, fue a verme con una cacerola en sus manos; era pollo cocido.

– ¡Pastor! ¿Cómo ha estado?

– Aleluya. Bienvenidas. ¿Y cómo está la iglesia?

Toda mi mente estaba dirigida a la iglesia. Compartimos la comida con otros diez compañeros, pero al ver mi rostro seco y el cutis deteriorada por el frío viento de invierno, la pastora Choi no paró de llorar.

– Hermano Cho, ¿de veras estás bien?

– Sí, no llores, que las miembros nos ven. Mira, ¡lealtad a la patria!

A partir de ese día, recibí la visita de la pastora Choi y algunas hermanas todos los fines de semana, y siempre traían algo de comer.

Después del entrenamiento preparatorio, el día 15 de marzo me uní a una tropa que se encontraba cerca de la ciudad de Seúl. En dos semanas obtuve mi primer permiso de salida. Me veía horrible, pues tenía el rostro más negro, y estaba más delgado. "Qué pensarían los miembros de la iglesia", pensé.

El hecho de saber que podia salir todos los fines de semana para servir en mi iglesia, me tranquilizó un poco, y decidí realizar un bautismo ese mismo domingo. Al principio la pastora resistió mi idea, debido a mi estado de salud. Pero, le expliqué a la congregación cuán importante era recibir el bautismo de agua antes de la Pascua.

Enfrentar a la muerte cara a cara

El primer domingo del mes de abril realicé el bautismo en agua. La temperatura había bajado por causa de una inusual lluvia de primavera. El agua del río donde iba a realizarse el bautismo estaba bastante fría. La gente salía del río e inmediatamente se cambiaba de ropa e iba cerca de la hoguera, para prevenir un resfrío, pero a mí y al pastor Hurston nos tocaba estar casi debajo del agua por alrededor de dos horas. Empecé a temblar y mis labios se tornaron en un color azul, por el terrible frío. Además de eso, como no tenía una vestimenta adecuada, había ido en uniforme militar. El rostro de la pastora Choi reflejaba la ansiedad por causa de mi salud.

Las personas alababan y aplaudían al Señor, sumergidas en gozo. Afortunadamente, logramos bautizar a toda la gente.

– Hermano Cho, pastor Hurston, gracias.

– Sea a Dios la gloria. Me siento gozoso.

Esa noche volví a la unidad sin poder secar mi ropa. Esa misma noche ocurrió lo previsto. Habia sufrido una hernia. Fui llevado a la sala de emergencias del hospital militar, y me hicieron una operación que comenzó a las 08:00 y terminó a las 16:00. Cuando abrí mis ojos, la operación ya había terminado, y estaba acostado en la sala de terapia intensiva. Oí la voz de alguien que decía:

– Hermano Cho.

No veía con claridad, pero supe que era la pastora Choi a la que acompañaban algunos miembros. Traté de decir algunas palabras.

– Tengo que predicar el evangelio aunque sea de esta forma.

– ¡Oh! ¡Señor!

Estas fueron las palabras que dijo la pastora Choi tomándome de la mano. Traté de abrir mis ojos, y vi a la pastora que lloraba sin consuelo. Pidió a los hermanos que intercedieran por mí, mientras ella traía ropa limpia, pues había traspirado y gemido mucho por el dolor. Luego de haberme secado el sudor, me vistió falda y chaqueta, pero no tenía vergüenza en tal situación. La pastora lavó la ropa, la puso sobre la ventana y se sentó para orar.

– Anoche recibí la visita de la familia Hurston –dije con una voz desesperante. Y recordé que le dije:

– Pastor, creo que Dios me quiere llevar a su reino.

– No, no, hermano Cho. Usted tiene mucho que hacer. Dios no va a llevarlo ahora.

Con lágrimas en sus ojos, el pastor Hurston y su esposa oraron por mí. Mientras tanto, en la iglesia, toda la congregación estaba intercediendo por mi pronta recuperación. Al día siguiente recibí otras visitas de los miembros; al verlos, me sentí mejor y con esperanzas. Mi temperatura subía a más de 40°, y el hecho de luchar con el temor del dolor me hacía sentir cada vez más presionado. Esa misma noche, diez personas dejaron la sala de terapia intensiva... en forma de cadáveres.

Días más tarde el médico llamó a la pastora Choi, y le dijo que debía hacer todos los preparativos, pues con seguridad yo no sobreviviría.

– Lo hemos observado, pero la cicatriz de la operación es grave y, además, como el paciente ya venía con neumonía, cada vez que tose se ensancha la parte donde hicimos la operación. Creo que será muy difícil que se recupere. Haga todos los preparativos.

La temperatura del cuerpo no era estable, tosía mucho, y a veces caía en estado de coma, hablaba inconscientemente, era evidente que enfrentaba a la muerte cara a cara. Debido al poco espacio de la sala, la pastora se metía casi abajo de la cama para orar.

– Dios, sana a tu hijo. Sánalo de la tos, para que no empeore la cicatriz de la operación. A tu amado siervo le ha pasado esto cuando bautizaba a tus santos, el día que conmemorábamos la muerte de Jesús. ¡Señor, Señor, Señor...! Obra y no dejes que tu gloria sea cubierta.

Yo mantenía los ojos cerrados, pero oía la oración de la pastora.

– Mamá, no ores más. Creo que Dios me ha desamparado.

– ¿Qué dices? Dios nunca va a desampararte. Tú tienes una misión que cumplir.

La pastora Choi dijo que quería salir para orar pero, a decir verdad, lo que quería era no dejarme ver sus lágrimas. Se mostro más firme que nunca antes, no tenía a nadie de quien depender, sino de la persona de Dios. Empezó a orar con todo el fervor de su alma. Iba a ser su última oración por mi sanidad.

– Dios, en nuestra iglesia muchos han sido sanados por el don de sanidad que tú nos has dado. Cojos se han levantado, paralíticos han sido sanados. Pero tu siervo está perdido. En caso de que tu siervo perdiera la vida, ¿qué será de la iglesia y de tu gloria? Además, la gente nos considera una secta. Si tú te apartas de nosotros y llamas al hermano Cho a tu presencia, ¿qué podré hacer yo sola?

Mientras tanto, yo soñaba un sueño. Una serpiente gigante se acercaba a mí cuando vi que al otro lado del río Jordán subía un incienso, que de repente vino a donde yo estaba, e inmediatamente consumió a la serpiente. Cuando desperté noté que era un sueño, y estaba sudando, la pastora Choi estaba secando mi sudor y orando en lenguas al mismo tiempo.

Grité con todas mis fuerzas, dije:

– ¡Mamá, mamá! Voy a vivir. Me siento bien.

– ¿De qué estás hablando?

Expliqué la visión que había visto en el sueño, y la pastora con lágrimas en los ojos, respondió:

– Amén, aleluya.

– El Dios viviente me salvó. El incienso simboliza la oración de los santos, al ser oída esa oración en el cielo, destruyó a la serpiente. ¡Aleluya! Oh, Señor, gracias. ¿De veras? ¿Han orado por mi sanidad?

– Claro que sí. Toda la congregación ha orado e intercedido en oración y ayuno por ti por tres días.

– Estoy muy agradecido. Gracias a tus oraciones, a los de Hurston y a los miembros, he logrado pasar la prueba de fuego, y sobrevivir. Gracias.

A partir de esa madrugada no volví a toser, pero seguí con el dolor de la cicatriz; cada vez que volvía el dolor tenía que morder mis labios hasta sangrar para poder soportarlo. A pesar de esto, la pastora Choi siempre estuvo a mi lado clamando a Dios por mi sanidad.

– Mamá, esta experiencia me ayudará a entender más a los enfermos, y proclamar el evangelio con otra perspectiva.

– Por supuesto, Dios te fortalecerá.

Di gracias a Dios por mi dolencia, y me sometí al sufrimiento, pues entendí que era parte del plan divino.

Sufrir, parte del plan divino

En los días en que recuperaba mi salud se llevaba a cabo la reunión anual del concilio de las Asambleas de Dios de Corea, en la ciudad de Seúl. No obstante, nuestra denominación también pasaba por una prueba de fuego. Escuchaba las noticias de la denominación a través de la pastora Choi. La organización estaba a punto de sufrir una división, la que estaba dirigida por el pastor Catcham, que al mismo tiempo era director de Asia del Departamento de Misiones de las Asambleas de Dios de los Estados Unidos.

El conflicto se había extendido, a tal punto que se esperaba una palabra por parte del tribunal de justicia, la que estaba pendiente de la corte durante seis meses. El terreno había sido adquirido por el Departamento de Misiones asiáticos de las Asambleas de Dios de los Estados Unidos, con el propósito de construir otro de los centros, como los que ya se habían levantado en Taiwan y Tokio.

Era evidente que en una situación tan crítica como esta, la reunión no iba a resultar nada simple. Los minutos pasaban y la división se hacía ver con mayor claridad. En esos momentos el misionero John Hurston se puso de pie para hablar.

– Los pastores coreanos no tienen ninguna culpa de este conflicto, esto se debe a nosotros, los misioneros estadounidenses que hemos rehusado arrepentirnos. Estamos arrepentidos.

Tan pronto pronunció estas palabras, el pastor Hurston se postró en el piso y empezó a quebrantar su corazón, con lágrimas que indicaban un genuino arrepentimiento. Asimismo, los pastores Statz y Catcham también se postraron en el piso para pedir perdón delante de Dios.

El pastor Catcham confesó luego, que había orado y llorado por seis meses por este conflicto. Esa noche una reunión administrativa se transformó en una reunión de oración. Desde ningún punto de vista parecía que los misioneros estaban manipulando algo. Era genuino.

Agradecí a Dios por lo que había sucedido en la reunión, mientras seguía al pie de la letra todas las palabras de la pastora Choi.

La reunión culminó con éxito, gracias al arrepentimiento genuino de los misioneros. La pastora Choi comentó que el hecho de que yo estuviera postrado era el propósito de Dios, y le di la razón, porque sabía que si hubiese estado en aquel sitio, no hubiera logrado evitar confrontarme con la oposición, lo que hubiera resultado en dolor y desánimo de mi parte.

Dios había preparado un refugio, por lo que estuve profundamente agradecido.

– Dios, encomiendo en tus manos el conflicto de la denominación. Que sea haga tu voluntad.

Dios sabía el lugar exacto donde yo tenía que estar, porque Él ve el futuro tanto como el presente. Dios es bueno.

Por un lado, quedé sumamente agradecido con los misioneros, y pude ver en sus vidas el sello de un compromiso por salvar las almas en una tierra tan lejana, y el grado de respeto subió cuando me di cuenta que habían dejado a sus seres queridos, su idioma, su cultura, sus tierras... para venir a nuestras tierras solo con el propósito de proclamar el evangelio.

Especialmente estuve emocionado por los misioneros de las Asambleas de Dios que habían venido para cultivar las tierras y echar la semilla del mover del Espíritu Santo. Reconozco que el fruto de hoy se debe al sacrificio de ellos.

La iglesia de Seodaemun en Seúl

El 25 de agosto de 1961 fue el día en que me retiré del servicio militar, después de siete meses de haberlo iniciado. Los miembros decían que me parecía a un jovencito, porque tenía el pelo corto, pero aún estaba con una venda, pues todavía sufría de la cicatriz de la operación. Solo con hacer un poco de fuerza, me dolía mucho la parte donde había sido operado.

A pesar de esto, el simple hecho de ver el rostro de la pastora Choi y los miembros, me hacía sentir mucho mejor.

La iglesia de carpa lucía como un lugar de fiesta; había sonrisas en los rostros de la gente, todos querían servirse unos a otros, parecía que la carga de la vida había desaparecido espontáneamente.

Después de no mucho tiempo, realizamos una cruzada evangelística con el pastor Samuel J. Todd en la plaza de Seodaemun, donde frecuentemente se realizaban espectáculos circenses.

Comenzamos el 1 de setiembre, y en las agendas figuraban que la cruzada iba a durar un mes. A mí me tocó traducir los mensajes. El clima no era nada favorable, pues hacía mucho calor. Sin embargo, mucha gente se hizo presente en aquella plaza, y más de doscientos enfermos colmaron el lugar.

En cada reunión, enfermedades de todo tipo fueron quitadas. El pastor Todd, la pastora Choi y yo, siempre imponíamos las manos y orábamos por la gente. Por supuesto, llegaban los momentos en que yo sentía mucho dolor, y debía estar parado, sin hacer nada, aún cuando estaba en el púlpito, pero gritaba:

– ¡Señor, Señor!.

Y soportaba el dolor, aunque hablaba y oraba con muchísimo fervor. Más de una vez sentí que iba a desmayarme, pero aún así no podía descuidar la iglesia. Mi físico seguía desgastándose.

En un mes vimos una multitud de personas que habían recibido sanidad y salvación. La gloria de Dios había descendido. Dios nos había puesto un deseo fuerte de iniciar una iglesia en ese mismo lugar. Sentíamos que Seodaemun nos llamaba. Estabamos persuadidos de que era la tierra que debíamos conquistar.

La iglesia de carpa de Deajodong se mostraba capaz de sostenerse por sí misma, debido al número de sus miembros y al nuevo terreno adquirido. Pero la reacción de los miembros de la iglesia no fue nada favorable. En primera instancia, nos pedían que no los dejáramos solos, pero al ver que no podían cambiar el rumbo de nuestra decisión, empezaron a criticarnos.

– Van a abandonar a los pobres y necesitados para ir a una zona de ricos.

– Van a defraudar a los ignorantes para fundar una iglesia donde están los intelectuales.

A pesar de todas las críticas y rumores, decidimos irnos, pues teníamos la convicción de que ese era el propósito de Dios.

Cinco batatas

El 15 de octubre de 1961 comenzamos nuestra primera reunión en el mismo lugar donde se realizó la campaña evangelística. Apenas dos familias vinieron. Por un lado, se llevaba a cabo la construcción del nuevo edificio del cuartel general de las Asambleas de Dios, pues el conflicto había llegado a una buena conclusión en el tribunal de justicia de la nación, y se esperaba que para la primavera de ese mismo año el edificio se inaugurara.

Comenzaron a venir nuevas personas a la carpa de Seodaemun recién instalada. Algunos miembros de la iglesia de Deajodong nos visitaban, pero sobre todo venían muchos enfermos. La iglesia comenzó a crecer en forma explosiva, pues ocurrían milagros de todo tipo. Lo único que no había cambiado era nuestra forma de vivir. Con el poco dinero que teníamos logramos rentar una casa de dos ambientes que estaba ubicada en una cuesta. No recibíamos ayuda financiera alguna.

Un día la pastora Choi cocinó cinco batatas, una para cada uno, porque no tenía dinero para comprar arroz en el mercado. En esos días recuerdo que llenaba el estómago con agua, e iba a la cama muy temprano por la noche, para olvidarme del hambre. La pastora Choi, como solía hacerlo todos los días, casi no dormía, y salía temprano por la madrugada: iba a orar a la iglesia. El hecho de comer solo una batata dulce por comida me dejaba sin energía.

Un día sentí que el nivel de fe había aumentado drásticamente y, repentinamente, tuve deseos de proclamar esa fe con mi boca. Me paré frente a un espejo, y con las manos empuñadas grité:

– ¡Yonggi Cho, tú no eres pobre! ¡Yonggi Cho, tú eres rico! ¡La iglesia crecerá a mil miembros el próximo año! ¡Yonggi Cho, tú estabas muriendo de tuberculosis, pero fíjate, ahora estás sano! ¡Yonggi Cho, tu fe puede mover montañas. ¡Nada es imposible para el que cree!

De pronto, sentí que alguien se asomaba a la puerta; la abrí y vi que era la pastora Choi. Sentí tanta vergüenza que no pude mirarla a los ojos.

La trampa del orgullo

A fines del año 1961 habíamos iniciado un nuevo ministerio en Seodaemun, y en mi corazón nacía un nuevo sueño: construir la iglesia más grande de Corea. En aquellos tiempos la iglesia más grande del país era una congregación de más de seis mil miembros. Esto me motivó, pues nuestra iglesia tenía seiscientos miembros en sus cortos tres años de historia. Pero al mismo tiempo, estaba más orgulloso de mí mismo, que maravillado de la obra extraordinaria de Dios. Sin lugar a dudas, estaba cayendo en una trampa.

– Si he logrado reunir seiscientas personas en tan solo tres años, ¿por qué no podre edificar la iglesia más grande de Corea? –me decía a mí mismo.

Un día decidí visitar a aquella iglesia. Mi propósito era averiguar su tamaño. Llevé conmigo un metro. Medí detalladamente el largo y el ancho del templo central, y no olvidé de contar la capacidad; era de dos mil personas. Me senté en un banco y clamé con un gran deseo que pudiera conquistar mi ambición:

– Puedo construir una iglesia más grande que esta. Dios va a ayudarme a lograr ese objetivo.

En los comienzos del ministerio, Dios me había enseñado la importancia de fijar objetivos, soñar, y alimentar la fe. Especialmente, Dios enfatizó la importancia de orar según las necesidades personales. Me enseñó sobre la importancia de establecer un número y visualizarlo. Cada vez que oraba por el crecimiento, el Espíritu Santo confirmaba la respuesta a través de la Palabra de Dios, y el crecimiento no tardaba en llegar.

En el primer año, pedí ciento cincuenta, y Dios me concedió los ciento cincuenta. En el segundo, pedí el doble, y Dios me concedió trescientos miembros. En el tercer año, pedí que lo duplicara otra vez, y Dios concedió a fin de año los seiscientos miembros. Dios concedía todo lo que pedía.

El próximo objetivo que tenía fue pedirle cinco veces más de la membresía actual en tres años. En caso de que Dios me lo concediera, para el año 1964 iba a pastorear una de las iglesias más grandes de toda la nación.

Más que posibilidades, sentí una fuerte convicción de que podía lograr mi objetivo.

Cada vez que oraba, Dios me daba la convicción de que la iglesia iba a seguir creciendo. Estaba emocionado. Sin embargo, mi interés no estaba en buscar la voluntad de Dios, sino solo en reunir más gente.

Aún así estaba persuadido de que Dios ya había concedido todos mis deseos. En fin, Dios había sido quien había traído a toda esa gente a través de milagros y sanidades. Llegué a pensar que para Dios "Yonggi Cho" era un ser muy especial, pues Dios estaba haciendo toda la obra a través de mí. La iglesia no parecía tener liderazgo sin mi persona, según mi parecer, pero estaba equivocado.

El día 28 de febrero del año 1962 tuvimos nuestro primer servicio en el nuevo edificio con capacidad para mil quinientas personas. En el día 26 de abril de ese mismo año, me ungieron como reverendo de las Asambleas de Dios, y el día 13 de mayo cambiamos el nombre de la iglesia y la llamamos "Centro del Evangelio Completo" (Full Gospel Central Church).

Yo era el pastor, y al mismo tiempo el administrador; hacía los programas educativos de la escuela dominical, y también abría y cerraba la puerta del templo. Yo era el eje de rotación de la iglesia. Pero no era algo que yo mismo había planeado.

Nací cuando Corea era como colonia del imperio japonés, y mi destino envolvía la guerra y la pobreza. Además, padecía de tuberculosis. Con deseos de superar la miseria, solo apuntaba el éxito. Al principio tenía el sueño de ser médico y ganar mucho dinero. Antes de recibir a Jesús como mi Señor, soñaba con ser un médico especialista en tratamientos internos.

La raíz de mi ambición no había sido cortada aún dentro del ministerio. No me importaba la clase de empleo, mi único anhelo era el éxito. Tenía un deseo ferviente de ser un pastor famoso y exitoso. Amaba a Dios y deseaba servirlo con todo mi corazón. No obstante, en lo más profundo de mi corazón anhelaba solo el éxito. Era extremadamente egoísta, y quería que Dios obrara según mis instrucciones. Dios tuvo que tratar con esto; si no fuese así, el ministerio hubiera sido mío y no de Dios.

Dios tuvo que quebrantarme para enseñarme que las ovejas no eran mías sino de Él, y que yo solo era un administrador suyo.

Desgaste físico

Al año siguiente seguí trabajando como nunca antes. El año 1964 fue un año muy importante para la iglesia. Debido a la gran cantidad de la membresía, realizábamos cuatro servicios los domingos, y el promedio de crecimiento era de quince personas por semana. Con este ritmo de crecimiento, íbamos a llegar a siete mil quinientos miembros para el año 1965. La velocidad del crecimiento había disminuido un poco. Cuando supe que no habíamos logrado el objetivo, me sentí muy insatisfecho; dos mil cuatrocientos miembros, era un crecimiento rápido, pero no llenaba mis expectativas.

Mantenía un ritmo de trabajo muy rápido, pero sentía una gran satisfacción al ver que esto era para la gloria de Dios. Me levantaba muy temprano por la madrugada, y dormía muy tarde por la noche, y así me fui debilitando físicamente. Predicaba, aconsejaba, oraba por los enfermos y visitaba hogares. Me encontraba siempre en movimiento.

Hasta que un día domingo tuve que enfrentar una crisis. Planeaba bautizar a trescientas personas. El pastor John Hurston había venido para ayudarme en esta labor. Pensé que, como yo era el núcleo de la iglesia, la persona que tenía que bautizar era yo. El pastor Hurston sabía muy bien de mi estado de salud, pero había logrado convencerlo. Pensé que yo era una vasija especial escogida por Dios, y que solo a través de mi persona la bendicion de Dios podía llegar a mi gente. Cuando iba a entrar al río para bautizar al primer miembro, Hurston me observaba con atención.

– Hermano Cho, creo que será mejor que yo lo haga.

– No, gracias. Estoy bien.

Sin embargo, no tenía suficiente vigor para bautizar a tanta gente. Los fui sumergiendo uno por uno y decía:

– En el Nombre del Padre, del Hijo y del Espíritu Santo, bautizo a (fulano de tal).

Por supuesto, el siguiente paso era ayudarlos a que se pusieran de pie. Al comienzo todo parecía salir bien, pero luego de bautizar a unas hermanas gordas, sentí que los músculos de mi brazo derecho estaban temblando. John dijo que me veía pálido, y que debía descansar. Pero nuevamente rechacé su sugerencia, e inclinando la cabeza hacia abajo, dije en tono firme:

– Estoy bien.

Oré por dentro para que Dios me diera nuevas fuerzas. Al final, logré bautizar a trescientas personas. Cuando la última persona salió del río, sentí como una vesania, una demencia furiosa.

Me veía como una hierba seca, pero todavía no había terminado la jornada.

Esa misma noche tenía previsto recibir a un evangelista que llegaba desde los Estados Unidos, y yo iba a traducir su mensaje horas más tarde. John era una persona humilde y llena del Espíritu Santo. Se acercó para expresar su preocupación por mi estado de salud.

– Hermano Cho, descanse por la tarde. Yo iré al aeropuerto para recibir al evangelista.

– Gracias, pero soy yo quien está listo para recibirlo.

Esto lo dije con determinación, no quise escuchar de nadie lo que yo debía hacer como pastor. No tuve tiempo ni siquiera para almorzar, y me dirigí al aeropuerto para recibir al invitado y llevarlo al hotel. Cada vez que estaba de pie, mis piernas temblaban.

Orgullo de pastor

Toda la congregación estaba preocupaba por mi salud, en especial la pastora Choi y el misionero Hurston. Los diáconos recomendaron que sería mejor buscar a otro traductor. Pero pensé:

– ¿Quién podrá traducir mejor que yo el mensaje de este evangelista? El poder de Dios está rebosando en mí, y soy el único que puede traducir como se debe.

Y dije:

– No, no se preocupen. Puedo hacerlo.

Llegó la hora de la reunion. En invitado era un evangelista fogoso, típico de origen pentecostal. Predicaba saltando de un lugar a otro. Yo elevaba mi voz, pero me resultaba muy difícil seguir su ritmo. Además, él había recibido una unción fuerte, yo no. Cuando el evangelista notó que el volumen de mi voz superaba al de él, se detuvo para mirarme de reojo, y empezó a gritar más fuerte aún. Estábamos los dos en la plataforma saltando de un lugar a otro, gritando a toda voz.

Después de treinta minutos de haber iniciado el mensaje, repentinamente, sentí una convulsión en el estomago, empecé a tener problemas respiratorios, mis piernas empezaron a temblar en forma drástica, y unos minutos más tarde caí al suelo desmayado. La gente quedó sorprendida por lo imprevisto. Cuando estaba en el piso, alcance a oír las palabras del predicador; pero no lograba ver con claridad.

Cuando caí, recuerdo haber dicho algunas palabras.

– Señor, ¿por qué me castigas en frente de tanta gente? Podías haberlo hecho en mi oficina cuando estaba solo.

Mientras estaba en el piso, recuerdo que alcancé a ver con claridad por un instante al misionero Hurston.

– John, ¡me muero!

– Hermano Cho, ten ánimo.

Mi corazón latía muy fuerte, y yo trataba de respirar. Todo mi cuerpo pedía oxígeno. Luego perdí el conocimiento.

Cuando abrí mis ojos, la reunión ya había terminado. Había sido llevado al hospital en una ambulancia.

Sentí una vergüenza terrible. Era un pastor que oraba por los enfermos. No podía aceptar el hecho de estar en ese lugar, y pensé que debía curarme a mí mismo. Esperé que el Señor operara un milagro para que pudiera retirarme, para volver a casa.

– Señor, ayúdame a salir de este hospital. Yo creo y confío en tu palabra. Por tus llagas fui sanado.

Rechacé tomar medicación alguna, y debido a la firmeza que mostraba, los médicos me autorizaron a retirarme del hospital, y con la ayuda de unos diáconos logré ir a casa. No obstante, Dios no había planeado sanarme.

Recité todos los versos bíblicos que trataban de la sanidad, y empecé a pedirla, sentado en la cama de mi apartamento. Recité una y otra vez, y dije:

– Dios, esto es tu promesa. Tú no puedes ir en contra de tu Palabra. Hoy te pido que me lo concedas. He sido sanado en el Nombre de Jesús.

Pero no mejoraba. Seguí con problemas respiratorios. Varios diáconos de la iglesia, que eran médicos profesionales, ofrecieron ayudarme; sin embargo, yo rechacé la ayuda, dije:

– Estoy parado firme sobre la roca de la palabra.

Era el orgullo de ser pastor. En ese momento entendí la diferencia que hay entre la fe del intelecto y la fe del corazón. El milagro no llegaba porque estaba clamando el *logos*, la palabra escrita, la cual es para todos. Pero cuando Dios nos otorga el permiso de pedir las promesas de Dios, el Espíritu Santo nos confirma de una forma muy especial.

Entendí que esa palabra que penetra hasta partir el alma y el espíritu, las coyunturas y los tuétanos, tiene que conquistar todo mi ser en forma personal. Esta es la fe que mueve montañas.

Yo trataba de ignorar los síntomas. Nunca me vino a la mente la idea que no volvería a levantarme de la cama. Solo trataba de ignorar la existencia de la muerte que había ocupado la habitación. No traté de darme por vencido.

Escuela de ministerio

A pesar de lo sucedido, anhelaba con todo mi corazón predicar el domingo. Con la ayuda de varios diáconos, logré subir al púlpito. No tenía fuerzas en los músculos, y no dejaba de temblar. Comencé a predicar en un tono bajo y suave. No podía hablar bien. Después de ocho minutos, caí desmayado otra vez.

Luego de levantarme, volví de pedir las promesas de Dios.

– Por sus llagas he sido sanado. Él tomó mis dolencias y mis enfermedades.

No recibía del Espíritu Santo la confirmación de que iba a sanarme. Volví a dirigir el segundo culto. Oré a Dios para que me diera nuevas fuerzas. Solo prediqué cinco minutos, y volví a desmayarme.

Ese día, cuando volví a casa, sentí por primera vez que podría llegar a morir. Pero en ese instante alcancé a captar algo. Parecía oír una voz que decía que Dios no podía conceder algo solo porque pidiera ciegamente recitando algunos versículos bíblicos. Nunca había pedido la voluntad de Dios con relación a mi situación, y jamás había pensado que Dios podía elegir la posibilidad de no sanar mi enfermedad.

– Dios, tú has concedido todas estas promesas. Yo he reclamado tus promesas, pero tú no me la has concedido. ¿De veras no piensas librarme de esta enfermedad?

Quedé sorprendido cuando oí una voz inusual que decía:

– Hijo, voy a sanarte, pero esa sanidad durará por diez años.

Me di vuelta para ver si alguien me hablaba, no había nadie. Era una voz desacostumbrada, pero era muy auténtica, clara y segura al mismo tiempo. No era mi imaginación, en absoluto. La paz rebosaba en mi corazón. Quería discutir con Dios, pero sabía que no podía hacerlo.

Durante diez años, nunca deje de sentir que estaba muriendo. Dios quebrantaba mi corazón de piedra. El ego de "Yonggi Cho el grande" era quebrantado. Quería que mi ego se rompiera en un instante, pero Dios tardó diez años en hacerlo.

No me alcanzan las palabras para describir todo lo que tuve que sufrir. Lo primero que hacía al levantarme era ver si mi corazon latía. Sentía como si una sensación de muerte subiera desde la punta de los pies hacia arriba. Sin embargo, nunca dejé de meditar en las promesas de sanidad.

El sueño de construir la iglesia más grande de Corea parecía imposible. Llegué a dudar sobre la realización del sueño, hasta pensé si podia seguir pastoreando a los dos mil cuatrocientos miembros actuales.

Dios había confirmado mi sanidad, y yo no quería darme por vencido. Aunque sabía que no podía predicar, reclamé a los diaconos que me ayudaran a subir a la plataforma; quería presenciar el culto y oír la predicación de John Hurston.

Aun en una situación tan desesperante, gradualmente fui pensando que Dios tendría un propósito mayor para mi vida. Entendí que tenía que abrir más mi corazón y depender de su guia. Había llegado la hora de que Dios abriera una nueva etapa de su propósito con relación a mí y la Iglesia Central del Evangelio Completo. Dios me había dejado graduarme de la escuela del desierto, e ingresar a la escuela del ministerio

Desarrolla un liderazgo que supera las adversidades

1. Recuerde que el líder debe graduarse de la escuela del desierto.
2. Recuerde que sufrir también es parte del plan divino.
3. Ten una autoimagen positiva.
4. Conciba la visión aún en tiempos de adversidad.
5. Nunca seas orgulloso.
6. Cuida tu salud.
7. Oiga la voz de Dios en medio de la adversidad.

Temas para pensar

- ¿Crees que sufrir es parte del desarrollo del liderazgo?
- ¿Qué autoimagen guardas en tiempos de dificultad?
- ¿Inclinas el oído para oír la voz de Dios en medio de la adversidad?

● Nacimiento de los grupos celulares
y la guerra espiritual

2

Nacimiento de los grupos celulares
y la guerra espiritual

Sistema celular, diamante del ministerio

ara mí el ministerio siempre fue la prioridad número uno. Dios me enseñaba a pastorear, y esta aventura era como salir en busca de diamantes. Atravesaba por en medio del fuego y del agua. Hubo momentos que tuve que enfrentarme de cara a la muerte, y por momentos caía en la trampa del orgullo. Pensaba que podía trabajar por mis propios medios; estaba equivocado. El ministerio era de Dios, su sueño y su propósito. Yo solo era un administrador de lo suyo, pero al mismo tiempo necesitaba de otros administradores, pues entendí que el ministerio era un trabajo en equipo. Pastorear era trabajar en equipo con Dios y con los miembros de la iglesia.

Después de graduarme de la escuela del desierto, Dios me instruyó en la escuela del ministerio.

Mi primera materia: sanidad y Espíritu Santo

Después de un mes de haberme desmayado, Dios rompió algunos métodos que utilizaba en la iglesia.

Pasaba días enteros acostado en mi apartamento. Decidí no abandonar el ministerio jamás. El misionero John Hurston y la pastora Choi dirigían la iglesia; yo me daba cuenta de que las necesidades de la gente no eran totalmente suplidas.

Corea era un país pobre, y los miembros hacían todo lo que podían para mantener al día las finanzas de la iglesia. Descubrí que era de vital importancia motivar a los laicos, y hacer de ellos partícipes del ministerio, pero no sabía cómo hacerlo.

Descansaba, y no sabía qué debía hacer. Me sentía agotado física y mentalmente. Mi persona parecía ser un adorno más en la casa, pues pasaba días enteros en la cama. La advertencia fue clara. No debía salir a solas del apartamento, porque podría volver a desmayarme.

Fueron días de mucha angustia y dolor, dormía y oraba, y pedía a Dios una salida. Sin embargo, aquellos días me sirvieron para profundizar mi conocimiento sobre la Biblia. Dios me preparaba para usarme de una forma más poderosa.

Dios me dio la primera materia para estudiar. Se trataba de "Sanidad y Espíritu Santo". Nunca había predicado sin la certeza de la sanidad de Dios, inclusive había visto muchos milagros de sanidad. Pero, no tenía la suficiente fe para curar mi enfermedad. Descubrí que mi fundamento bíblico sobre la sanidad era insuficiente, y que una comunión íntima con el Espíritu Santo era de vital importancia.

El estudio sobre estos dos temas me llevó a escribir dos libros. El título del primer libro fue *Jesucristo, mi sanador*, y el segundo, *Espíritu Santo*. A través de un estudio profundo sobre estos temas hicieron que tanto mi fe como el conocimiento creciera, y tuve el privilegio de conocer más íntimamente la tercera persona de la trinidad.

Había oído hablar de que como cristianos tenemos el deber de tener comunión con el Dios Padre y el Hijo, pero nunca había oído de que debíamos tener comunión con el Espíritu Santo, lo cual es posible (ver 2 Corintios 13:14). Aprendí que comunión implicaba una relación más profunda que una simple amistad. Según el diccionario, comunión significa: "Relación íntima fundamentada en un profundo y mutuo entendimiento", "acto de compartir con alguien los pensamientos y las emociones de uno".

Dios enfatizó la importancia de llevar a cabo una comunión íntima con el Espíritu Santo; en otras palabras, hablar con Él de mis ideas, mis pensamientos, mis inquietudes y mis emociones.

El Señor dijo:

– Piensa en el matrimonio. Cuando una pareja contrae matrimonio, la mujer comienza a vivir en la casa del esposo, y el esposo no se aparta de ella. El hombre nunca trata a su mujer como un adorno o un objeto, sino que comparte su vida de una forma íntima. Digo esto, porque quiero que así sea tu relación con el Espíritu Santo.

Durante 1964 y 1965 estuve casi todo el tiempo acostado en mi cama; y mi relación con el Espíritu Santo se fue profundizando. Mientras tanto, los dos libros que escribí fueron los más vendidos, tanto en Corea como en Japón. Pero este estudio fue apenas la apertura de lo que Dios tenía preparado. La médula de lo que Dios trataba de enseñarme a través de todo esto, era que debía delegar a alguien gran parte de mi trabajo.

La iglesia en los hogares

Comencé a meditar cómo podría dirigir sabiamente a la iglesia.

– ¿Cómo puedo pastorear a tanta gente? La iglesia sigue creciendo.

Pregunté al Espíritu Santo en un tiempo de comunión íntima.

– Señor, ¿qué tengo que hacer, y cómo?

– Deja ir a mi pueblo para que ellos crezcan.

Quedé perplejo. No sabía qué hacer. ¿Qué significarían esas palabras? Repentinamente, vino otra voz que me decía:

– Deja ir a mi pueblo del reino de Yonggi Cho. Deja que ellos crezcan.

– Sí, Señor. ¿Pero qué quieres decir cuando dices que debo dejarlos ir para que ellos crezcan?

– Deja que ellos mismos aprendan a caminar por sí mismos. Ayúdalos para que entren en el ministerio.

Estas palabras me llevaron al estudio bíblico. Abrí el libro de la epístola de san Pablo a la iglesia de Éfeso, y recibí una fuerte inspiración Efesios 4:11 dice: *"Y él mismo constituyó a unos, apóstoles; a otros, profetas; a otros, evangelistas; a otros, pastores y maestros"*. Y seguía en el versículo siguiente indicando que los siervos de Dios –apóstoles, profetas, evangelistas pastores y maestros– habían sido constituídos para perfeccionar a los santos –laicos–.

Esto implicaba que los laicos podían desarrollar su ministerio dentro y fuera de la iglesia.

Seguí la lectura en el libro de los Hechos de los Apóstoles, en el capítulo 2:46-47. En la iglesia primitiva había dos tipos de reuniones. Los discípulos se reunían en el templo y compartían el pan en los hogares todos los días.

Se dice que el número de habitantes de la ciudad de Jerusalén era de doscientos mil, mientras que el numero de miembros de la iglesia primitiva era de cien mil. Si tenemos en cuenta que solo había doce apóstoles, no podemos dejar de preguntarnos: ¿Cómo hicieron para ministrar y supervisar a tanta gente, así como realizar las visitas a los hogares? Imposible. No cabe ninguna duda que se reunían en grupos pequeños en los hogares. Acompañado de los siete diáconos que aparecen en Hechos capítulo 6, los laicos visitaban hogares, es decir, se reunían en grupos celulares.

Mi paradigma sobre la iglesia era el edificio. Jamás imaginé que un hogar podría llegar a ser un centro de adoración. Pero la Biblia mostraba claramente sobre la iglesia en los hogares.

Medité en mi iglesia en forma particular. Nosotros no realizábamos visitas a los hogares, solo pedíamos a la gente que se congregara los domingos y los miércoles. Descubrí que ese había sido nuestro punto débil.

El Espíritu Santo me llevó a Hechos capítulo 6. Esta porción de la Biblia narra cómo siete diáconos fueron elegidos con el fin de proporcionar la necesidad material de los nuevos creyentes que se añadían cada día, y cómo los apóstoles limitaron su labor a la oración y a la predicación de la palabra.

No obstante, después de que Esteban murió apedreado, la iglesia fue esparcida. Como podemos ver en el capítulo 8, los mismos diáconos salieron a predicar la palabra. En este caso en particular, Felipe llevó el evangelio a Samaria. En síntesis, los apóstoles no delegaron solamente la autoridad de administrar la iglesia, sino también de predicar la palabra.

Según Hechos, en el día del Pentecostés tres mil personas se sumaron a la iglesia, y al día siguiente otras cinco mil. Tan solo había doce apóstoles y luego siete diáconos. Por tanto, llegué a la conclusión de que la única manera de supervisarlos era a través de líderes de grupos celulares. La iglesia tenía una excelente organización para suplir todas las necesidades de sus miembros.

– Esto es lo que estaba buscando.

Hablé a mi corazón. Mi entendimiento se había abierto. ¿Cómo pudo la iglesia primitiva consolidar a tres mil miembros en el día del Pentecostés cuando el Espíritu Santo vino sobre aquellos que estaban en el aposento alto? Las necesidades no eran suplidas en el templo sino en los hogares. Seguí la lectura, y descubrí en otras partes el mismo principio de las reuniones en los hogares, es decir, en grupos celulares. El grupo celular en la casa de Lidia (Hechos 16:40), en la casa de Priscila y Aquila (Hechos 16:3-5), en la casa de Filemón (Filemón 2). Sin lugar a dudas, la Biblia contenía muchos fundamentos acerca de las reuniones en los hogares.

El principio de Jetro

Además, descubrí en Éxodo 18, que Moisés luchaba solo juzgando lo justo y lo injusto de cada litigio. El deber de Moisés era estar sentado todo el día escuchando y juzgando el conflicto de su gente. Su suegro, Jetro, observó que la carga era muy pesada para él solo, y le enseñó el principio de delegar responsabilidades para suplir todas las necesidades del pueblo.

"Además escoge tú de entre todo el pueblo varones de virtud, temerosos de Dios, varones de verdad, que aborrezcan la avaricia; y ponlos sobre el pueblo por jefes de millares, de centenas, de cincuenta y de diez. Ellos juzgarán al pueblo en todo tiempo; y todo asunto grave lo traerán a tí, y ellos juzgarán todo asunto pequeño. Así aliviarás la carga de sobre tí, y la llevarán ellos contigo" (Éxodo 18:21-22).

A través de las Escrituras, descubrí que la acción de delegar responsabilidades era la voluntad de Dios. Esta idea pasó de mi mente a mi corazon en forma de convicción. Si enviara a los diaconos para abrir sus hogares, y enseñaran la palabra, oraran por los enfermos y se ayudaran mutuamente desarrollando una comunión íntima, la iglesia crecería en los hogares, y el evangelismo resultaría mucho más accesible para alcanzar a amigos y vecinos, así como también motivaría a más gente a asistir a la iglesia en reuniones generales.

Este sistema facilitaría mi labor como pastor, sin necesidad de utilizar tiempo en consejería y en visitas a hogares. Si tan solo pudiera capacitar a líderes laicos, esto facilitaría mi trabajo.

Durante tres semanas estuve planificando cómo llevar a cabo este nuevo sistema. Estaba consciente que necesitaba la aprobación por parte de la junta de diáconos, y era todo un desafio presentar este nuevo plan. Los diáconos estaban preocupados por mi liderazgo.

El problema era mi estado de salud. Lograba levantarme de la cama, pero me costaba pararme y mantenerme de pie. El médico me aconsejó lo siguiente:

– Su corazón es muy endeble, y todo su organismo está muy debilitado. Usted sufre de neuralgia, y mi única recomendación es que abandone el pastorado.

– ¿Acaso no hay ni siquiera un medicamento para mí?

– Lamentablemente, no. Físicamente no tiene ningún problema. Solo que ha venido trabajando en exceso. Su problema de corazón es a causa del estrés, es decir, es algo psicológico. La única receta que puedo recomendarle es que busque un trabajo donde se sienta menos presionado.

Las palabras del médico fueron como una sentencia de muerte con relación a mi ministerio. Pero no quería bajar los brazos, porque Dios me había prometido construir una iglesia, así como también mi sanidad, aunque la misma se vería recién a los diez años. Traté de confiar en Dios más que en las palabras del médico.

Motivé a los líderes

Yo tenía apenas veintiocho años de edad, y mi cuerpo estaba debilitado como el de un anciano. Pero igualmente me sentía muy entusiasmado. Dios me había mostrado un nuevo modelo de organización para que compartiera la carga de la cruz del ministerio, con la congregación. En mí había una convicción fuerte, porque Dios lo había prometido.

El obstáculo era que no podía ir como un comandante general de ejército y ordenar a los laicos que realizaran la tarea. La membresía sobrepasaba los dos mil cuatrocientos miembros, y cada vez que debía hacer un cambio, necesitaba la aprobación de la junta de diáconos.

– Señor, este es tu plan. Si esto ha venido de ti, ellos tienen que aceptar esto.

Un mes más tarde reuní a la junta de diáconos, y descargué lo que había en mi corazón.

– Como ustedes sabrán, estoy enfermo, y me es imposible hacer consejería y visitar los hogares. Tampoco puedo orar por los enfermos.

Y empecé a enseñarles, a la luz de las Escrituras, los principios de grupos pequeños que Dios me había revelado. Enfaticé que ellos debían aprender a pararse por sí mismos, y entrar en el ministerio. Luego presenté los pasos que debíamos tomar para realizar los cambios. Enseñé la función de los grupos celulares y su sistema basado en la Biblia. Las opiniones no tardaron en llegar.

– Tiene razón. Ha presentado un excelente fundamento bíblico.

– Creo que esto es de Dios.

– Pero nosotros no hemos recibido capacitación para cumplir semejante tarea. Además, esa es la razón por la que nosotros le pagamos, pastor.

Otro diácono siguió diciendo:

– Soy un hombre ocupado. Tengo mucho trabajo que hacer, y el poco tiempo que me sobra lo aprovecho para descansar en privado. Yo no podría dirigir grupos celulares.

Básicamente, todos concordaron en que la idea era bíblica, pero no pensaban en que esto era aplicable. Parecía no encontrar el camino correcto para seguir motivando. Nadie rechazaba la idea, pero tampoco la aceptaba, solo que estaban convencidos de que esto no iba a funcionar.

Aunque no todos dieron su opinión, yo sabía qué guardaban en su corazón. Estaban pensando que era inadecuado pedirles entrar en el ministerio, puesto que ellos ofrendaban para que yo cumpliese ese mismo rol. Me sentí incómodo, porque la posibilidad de pensar que yo estaba delegando mi tarea por causa de mi limitación física, estaba abierta.

Me di cuenta de que los hermanos no tenían compasión alguna. Nadie expresó la idea de contratar a un nuevo pastor, pero escuché momentos más tarde por parte de una persona que había participado en la reunión, que tampoco iban a rechazar esa idea en caso de que yo presentara una carta de renuncia. También tenía que tener en cuenta que en cualquier momento podía desmayarme.

El conflicto de las mujeres en el ministerio

Fui a ver a la pastora Choi, con quien siempre abría mi corazón, para contar mis inquietudes, y descargué todo lo que guardaba. Después de tener un tiempo de oración y estudio de la Palabra, hablamos sobre las distintas posibilidades de cómo llevar a cabo este ministerio, y surgió la idea de usar a las mujeres como líderes.

En un momento de oración y meditación, la pastora expresó su idea, dijo:

– Tengo la certeza de que Dios nos ha mostrado ese camino porque es su voluntad. Creo que debemos reunir a las mujeres para presentar este nuevo proyecto.

Incliné la cabeza. ¿Pero quién iba a aceptar esa idea? Me encontraba en Seúl, Corea del Sur, y no en los Estados Unidos. En Corea no había movimientos feministas y, sobre todo, las mujeres estaban en un segundo plano dentro de la sociedad, debido a la influencia de la cultura oriental. Por miles de años la mujer había permanecido bajo la influencia del hombre, es decir, la mujer obedecía al hombre. La mujer no alcanzaba ocupar un lugar importante ni en la sociedad ni en la iglesia. Yo tampoco era una excepción, y me resultaba difícil aceptar esta idea.

¿Cómo podrían las mujeres dirigir grupos de hogares? La oposición por parte de los hombres era evidente. Además, la Biblia afirmaba: *"La mujer aprenda en silencio"* (1 Timoteo 2:11).

Como oriental, tenía un entendimiento muy particular en cuanto a estas palabras de Pablo dirigidas a Timoteo. El apóstol escribió este mensaje con una mentalidad oriental. Por tal motivo, cuando mis ojos cayeron en esta porción de la Escritura, inmediatamente la relacioné con mi cultura. En la iglesia coreana los hombres se sentaban del lado derecho del templo –mirando desde la entrada– y las mujeres del lado izquierdo. Y en el medio había un velo que separaba el uno del otro.

Cuando faltaban pocos minutos para terminar el culto, algunas hermanas inclinaban su cuerpo y susurraban:

– ¿Me escuchas? ¿Estas ahí? Nos vemos del lado derecho de la puerta principal.

Era necesario que el pastor advirtiera a las mujeres, decía:

– Hermanas, les pido que guarden absoluto silencio hasta su salida del santuario.

Reunion de oracion de lideres de grupos celulares

Yo entendía que lo que Pablo quería decir cuando explicaba que Sara llamaba a Abraham "mi señor". Aún en la actualidad, la mujer oriental llama a su marido como "mi señor". Por ejemplo, si usted le pregunta a una mujer coreana por su marido, ella te responderá diciendo:

– Mi señor se encuentra muy bien. Gracias.

Por esta misma razón, cuando traté de implementar el liderazgo femenino, por momentos dudé si esto no era solo producto de mi imaginación.

– Dios, ¿quieres destruir mi iglesia a través de estos pensamientos? En caso de que use a las mujeres para dirigir grupos celulares, todo el mundo me dará la espalda.

Pero Dios me dijo claramente:

– Sí, ese es tu pensamiento. No coincide con mi pensamiento, que es usar a las mujeres.

– Señor, si tú realmente quieres que yo use a las mujeres, tienes que mostrarme los fundamentos bíblicos.

Debatía con el Señor.

Aprobación de las mujeres como líderes de grupos celulares

En los días posteriores pedí a Dios que me confirmara el liderazgo femenino a través de las Escrituras. Fui descubriendo de a poco la sustancia. Finalmente, encontré que Pablo no era machista. Él trabajaba en equipo con las mujeres, pero solo cuando estas estaban bajo su autoridad.

Literalmente, Romanos 16:1 dice que Febe era diaconisa de la iglesia en Cencrea; lo cual implica que estaba en posición de liderazgo, pero bajo la autoridad de Pablo. Era evidente que el apóstol había recomendado a Febe como una sierva, también como una predicadora. El hecho de que Pablo hubiera otorgado autoridad para predicar la palabra, implicaba que ella tenía libertad en su ministerio.

En Romanos 16:3 Pablo hace referencia a Priscila y Aquila, y dice: *"A la iglesia de su casa"* (v. 5). Entonces, ¿quién predicaba en ese lugar? Empecé a pintar este cuadro desde un punto de vista oriental. En la cultura oriental, el nombre del líder siempre es mencionado primero. Si fuera así, el orden de estos dos nombres no debe mirarse según el concepto de "damas primero". En caso de que un occidental visite a una familia oriental, y salude primero a la esposa se considera una falta de respeto. Si usted visita a una familia coreana, y aunque sepa que el esposo no se encuentra en casa, es recomendable saludar a la esposa diciendo:

– ¿Cómo se encuentra su esposo?

Y después saludar a la mujer. El esposo siempre tiene que venir primero. Porque el esposo es considerado como cabeza de la casa.

En Corea no se usa la expresión "damas y caballeros", así como tampoco el hombre nunca va detrás de la mujer, como tampoco va adelante para abrir la puerta, la mujer siempre espera que el hombre pase primero. Esto es la cultura oriental.

La expresión de Pablo cuando dice: *"Priscila y Aquila"*, debe ser estudiada según la perspectiva oriental. Priscila era la esposa de Aquila. Sin embargo, el Espíritu Santo guió a Pablo a que escribiera a Priscila primero, porque ella era la líder del grupo. En otras palabras, Priscila era la pastora, y Aquila el asistente, y la autoridad había sido delegada por Pablo.

Romanos 16:6 dice: *"Saludad a María, la cual ha trabajado mucho entre vosotros"*. Aquí la palabra "trabajo" significa ministerio, y no se refiere a los trabajos de cocinar o de lavar la ropa. Las mujeres que Pablo menciona trabajaban junto con él. También en el versículo 12 vemos a Trifena y Trifosa, y todos trabajaban para el Señor. En el mismo versículo, el apóstol también hace mención de *"Persida, la cual ha trabajado mucho en el Señor"*.

¿Cómo una persona puede llegar a ser siervo de Dios? A través del testimonio, de la oración, de la prédica, y así ayudar emocionalmente a la gente. El hecho de que Dios usaba a las mujeres para su gloria, era claro.

Liderazgo bajo autoridad

La Biblia aceptaba la participación de las mujeres en el liderazgo. Esto debía estar bajo la autoridad de los apóstoles. Por ejemplo, Pablo enseñó que las mujeres debían profetizar con la cabeza cubierta (1 Corintios 11:5), porque era vergonzoso no hacerlo. Esto significa que las mujeres tenían libertad para profetizar, y la profecía era una forma de la predicación de la palabra. Pero debían cubrirse como demostración de que estaban bajo la autoridad de los hombres.

El Señor siguió enseñándome diciendo:

– Yonggi Cho, ¿de quién has nacido?

– De una mujer, Señor.

– ¿Quién te ha criado?

– Una mujer, Señor.

– ¿Quienes han seguido mi ministerio desde el comienzo hasta el fin, y quiénes han suplido mis necesidades?

– Las mujeres, Señor.

Todas mis respuestas eran positivas. El Señor siguió con la enseñanza.

– ¿Quiénes han permanecido firmes hasta el momento de mi crucifixión?

– Las mujeres, Señor.

– ¿Quién vino a ungir mi cuerpo con aceite cuando estaba en la tumba?

– Una mujer, Señor.

– ¿Quién ha sido la primera persona en verme después de mi resurrección?

– Una mujer, Señor.

– Después de haber resucitado, ¿a quién le di la primera palabra?

– A María Magdalena, una mujer, Señor.

– En todos los interrogantes has contestado "sí, una mujer". ¿Por qué sigues resistiendo y temes usar a las mujeres? Estuve rodeado de mujeres fieles y amorosas durante toda mi vida pública.

¿Por qué la iglesia, mi cuerpo, no puede ser fortalecida por las mujeres?

¿Qué podría haber dicho? Solo podia admitir y aceptar que involucrar a las mujeres en el ministerio era la voluntad de Dios.

Los primeros veinte distritos de la iglesia

Luego de haber escuchado esta gran enseñanza por parte de Dios, no tardé en reunir a las líderes de la red misionera de mujeres un día domingo. Unas veinte esperaban para oír mi presentación. Expliqué claramente que estaba con problemas de salud, y que el propósito de Dios era formar grupos en los hogares y usar a las mujeres como líderes.

– Tengo problemas graves de salud. Ustedes tienen que ayudarme para fortalecer el trabajo del cuerpo de Cristo. Dios quiere usar a las mujeres. Las mujeres cumplieron un papel fundamental en el ministerio de Jesús, y nunca estuvieron ausentes en los momentos más críticos. La voluntad de Dios es establecer grupos en los hogares, y que ustedes estén a la cabeza de ese grupo.

– Amén. Tiene razón, pastor. Es la voluntad de Dios. Estamos dispuestas a hacerlo, cuente con nosotras.

Los hombres habían respondido de una manera intelectual y racional; en cambio, las mujeres se mostraron muy entusiastas. Realmente mostraban preocupación por mi estado de salud, y todas acordaron en seguir los siguientes pasos. La pastora Choi tomó a su cargo la organización. De acuerdo al número de las diaconisas, dividimos la ciudad de Seúl en veinte zonas. El sistema celular había dado a luz a los primeros veinte distritos.

Les sugerí algo muy interesante y extraño a la vez: usar un sombrero como símbolo de que su autoridad como líderes estaba bajo mi autoridad. En otras palabras, esto implicaba que la autoridad de predicar la palabra no era de ellas, sino que era dado por Dios a través de mí. Hice lo que Pablo había ordenado, y no me pareció mal.

Yo seguía mal de salud, pero regresé a casa con un gran entusiasmo al pensar que mi iglesia estaba en un nueva ola, y que Dios demandaba de nosotros un paso hacia delante para llevarnos a otro nivel de crecimiento. Pensé que toda mi preocupación se había desvanecido.

El matrimonio y las clases de piano

A pesar de mi grave estado de salud, el trabajo celular parecía encaminarse. Y creí que había llegado la hora de pensar en el matrimonio. La hija de la pastora Choi, Sunghae, que recientemente había egresado de la universidad cristiana de mujeres E-Wha, era una joven simpática y muy talentosa.

Descubrí que sentía una atracción especial por ella. Y tuve el presentimiento de que ella sentía lo mismo por mí, lo que me hizo sentir feliz. Decidí tomarla como la mujer de mi vida.

Un día, llamé a Sunghae, que hasta el momento la consideraba como mi hermana menor.

– Sunghae, ¡has aprobado! Te he observado en todos estos años, y has aprobado el examen.

– ¿Quién, yo? No sé qué decir.

Le obsequié un reloj como compromiso de casamiento. Después de un año y medio, cuando había cumplido mis treinta años de edad, el 1º de marzo de 1965 contraje matrimonio con la hija de la pastora Choi, que era seis años menor que yo.

Me sentía muy feliz, aunque no todo resultó ser una buena experiencia. Aún en el día del matrimonio, temía que podría llegar a desmayarme en medio de la ceremonia. Pedí a Dios que me diera nuevas fuerzas. No podía estar quieto.

Más de tres mil personas invitadas presenciaron la boda. Había invitado a un misionero para que dirigiera la ceremonia, que parecía muy conmovido al ver semejante escena. Estaba tan entusiasmado que predicó durante más de una hora, mientras que yo y mi novia estábamos parados en el altar. Hacía todo tipo de gestos para esforzarme y no caerme ni desmayarme. Me resultó tan difícil que lo único que recuerdo fue una lucha que no parecía tener fin contra mi propio cuerpo, a tal punto que ni siquiera recuerdo haber oído: "Los declaro marido y mujer".

Aún en la luna de miel, mi esposa pasó gran parte del tiempo cuidando mi salud. No obstante, mi mente estaba dirigida a la iglesia, en especial, con relación a los grupos celulares y al crecimiento. Pero tenía la tranquilidad de que gran parte de los problemas, en cuanto a establecer el sistema, estaba cubierto.

Apenas regresé a casa, ya tenía la agenda completa de actividades en el interior del país durante los seis meses siguientes, pues en ese momento había ganado un reconocimiento a nivel nacional, a causa del crecimiento de mi iglesia. Permanentemente viajaba por todo el interior del país llevando la palabra, y regresaba a Seúl solo los fines de semana, y apenas terminada la reunión de los domingos, empacaba mis maletas nuevamente para viajar a otro destino.

Mientras tanto, mi esposa caía en un pozo de depresión. Luego de toda una semana de actividad, el único regalo que le ofrecía era una maleta llena de ropa sucia. Sentía pena por haberle hecho tomar la cruz de ser esposa de un pastor.

Aparte de eso, no recibí ninguna remuneración durante tres años, debido a la construcción de un nuevo templo. Quería ser ejemplo. Mi esposa se vio obligada a trabajar durante ese período, para suplir las necesidades básicas de la familia; puso un cartel en la puerta de la casa que decía: "Clases particulares de piano".

Reconocimiento internacional

Mientras tanto, los grupos celulares continuaban creciendo, lo que resultó en "iglecrecimiento". Dichos grupos comenzaron a mostrar cuáles eran las características del éxito. Los integrantes del grupo invitaban a familiares y amigos a las reuniones del grupo, y muchos recibían a Jesús como su Señor y Salvador.

Los grupos crecían como lo hacen las células biológicas: por reproducción. Gracias al trabajo celular, el número de asistencia de las reuniones de los domingos fue creciendo de manera drástica, así

Miembros de la iglesia despues de
una reunion celular

como el número de grupos celulares. La iglesia vio la necesidad de contratar a más pastores para supervisar los grupos celulares y designar a más líderes de esos grupos.

Llegamos a un punto donde no pudimos estar al día con los papeles de los nuevos conversos, y como consecuencia disminuyó el porcentaje de crecimiento. A pesar de esto, la última cifra registrada oficialmente en 1964, dice que teníamos dos mil cuatrocientos miembros. Sabíamos que habíamos crecido mucho debido al trabajo celular, pero no podíamos calcular con exactitud a cuántos habíamos alcanzado con el mensaje.

Frecuentemente sentía que me encontraba de cara a la muerte. Oraba siempre con las mismas palabras:

– Señor, deja que este siervo pueda llevar tu palabra una vez más. Si me concedes esta petición, puedes llevarme a tu reino después de que predique tu palabra.

En medio de estas circunstancias, Dios me llevaba a las naciones. Las noticias del crecimiento de nuestra iglesia eran conocidas por todo el mundo, en especial entre las iglesias de las Asambleas de Dios de los Estados Unidos. Fue en ese momento que mis ojos se abrieron, y pude ver al mundo entero en forma de grupos celulares.

Fui electo presidente de las Asambleas de Dios de Corea del Sur, y tuve el privilegio de servir como miembro de la junta de consejos en las conferencias internacionales de Pentecostés celebrado en Seúl y en Brasil. Llevamos a cabo un programa de misiones, y ayudé a los misioneros para que implantaran el sistema celular en sus respectivos países.

Un liderazgo quebrantado

La iglesia siguió creciendo, mas mi salud no se mantenía estable. Caía desmayado cuando menos lo pensaba. En cierta ocasión me desmayé en el aeropuerto de Tokio, en Japón, y en otra oportunidad, en las Asambleas de Dios de los Estados Unidos. Y también en Singapur y en muchos hoteles. Sentía lástima por mi esposa.

Yo oraba por los enfermos y muchos se sanaban. Cada vez que veía grandes milagros de sanidad, decía por dentro:

– Señor, por favor, te pido que también sanes mi enfermedad.

Pero Dios había dicho que mi salud iba a mejorar gradualmente hasta que la sanidad fuera completa, pero que tenía que esperar diez años. En ese período pasé momentos de mucho dolor y sufrimiento.

Me di cuenta que nada estaba bajo mi control. Mi único objetivo en la vida había sido el éxito. Aún cuando estaba en el ministerio, mi anhelo era construir la iglesia más grande de toda Corea. Pero llegó un instante que ni el éxito ni la ambición de querer construir una iglesia grande me pareció tener sentido alguno, solo podía depender de Dios y encomendar cada segundo, cada movimiento, cada paso, cada aliento de mi vida a Aquel que mostraba compasión por mí.

Ahora sé que aquellos días fueron momentos de quebrantamiento, y cuán importante es que el líder sea quebrantado. En caso de que el líder no lo experimente, nunca podrá dirigir al pueblo de Dios como pastor, porque el temor se apoderará de él.

Un liderazgo no quebrantado caerá en la trampa del dinero y del poder, porque guardará temor de perder su posición y autoridad; además, desconfiará de sus seguidores, y nunca les delegará su autoridad, por temor a perder su posición y autoridad.

Dios usa a una persona de acuerdo al nivel de su entrega. Ahora me doy cuenta que Dios no puede usar a una persona hasta que esta sea quebrantada por completo y deje de confiar en sus propias fuerzas.

Por lo tanto, aún cuando había recibido la sanidad completa, descubrí que mi ser era apenas un insignificante grano de arena delante de la presencia de Dios.

Grupos de celulas abiertas, una red sin límites

Al finalizar mis diez años de gran sufrimiento y dolor, Dios me reveló la visión de construir un nuevo templo. El proyecto iba a llevarse a cabo en la isla de Yoido, que hasta el momento era un desierto, y el gobierno iniciaba un plan de explotación y desarrollo, y centenares de apartamentos y oficinas gubernamentales estaban en construcción. Logramos adquirir el terreno, y finalizamos el proyecto de construcción en 1973.

Ahí fue cuando se hizo notar el gran número de personas. En el momento que inauguramos el nuevo edificio de Yoido, teníamos dieciocho mil miembros, y todos estaban involucrados en algún grupo pequeño.

Pero no todos estuvieron de acuerdo en abandonar el templo de Seodaemun. Ocho mil personas decidieron quedarse, y la denominación designó a otro pastor para que dirigiera la congregación. Junto a los diez mil miembros, comenzamos una nueva etapa: la era de Yoido.

Seguimos creciendo, y nos dimos cuenta que la reproducción de grupos celulares era ilimitada. En el momento de mudarnos a Yoido, el milagro llegó a mi vida; sentí como una ola de sanidad que golpeaba contra mi corazón. No puedo decir exactamente cuándo, pero sin lugar a dudas la sanidad resultó ser completa. Nunca más volví a sentir el aliento de la muerte.

La sanidad habia llegado a mi vida, y solo dependía de Dios. "Yonggi Cho el grande" había muerto, y junto con él la sed por la fama y el poder. A través de mi experiencia, puedo asegurarle que estas cosas son como la espuma en el agua; desaparecen en un abrir y cerrar de ojos.

En el primer año alcanzamos a tres mil nuevos conversos. Seguí motivando a los integrantes de grupos celulares para que predicaran el evangelio a sus familiares y vecinos.

Les propuse metas, y seguí ampliando el radio de acción de los grupos celulares. Cada vez que soñaba con llenar el nuevo templo, Dios lo ratificaba, lo que me motivó más a seguir clamando por el crecimiento.

Unos años más tarde alcanzamos un promedio mensual de más de tres mil decisiones de fe.

Siete principios para una exitosa organización celular

1. Pida al Espíritu que le dé sabiduría.

2. Aprenda los principios bíblicos.

3. Estudie sobre cómo delegar autoridades.

4. Motive a los laicos a que entren en el ministerio.

5. Use a las mujeres en el liderazgo.

6. Establezca una orden espiritual en cuanto a la autoridad del pastor general.

7. Dé a conocer a su congregación la visión y el propósito del crecimiento del grupo celular.

Temas para pensar

- ¿Por qué cree que es importante el ministerio celular dentro de la iglesia?

- ¿Qué significa delegar autoridad?

- ¿Por qué es importante el orden de la autoridad espiritual, y cómo puede establecerse?

Nacimiento de los grupos celulares y la guerra espiritual

Los éxitos y fracasos del sistema celular

Aunque Dios obraba de manera muy especial, para mí el sufrimiento no había terminado. No me había preparado para defenderme de los ataques de Satanas en el proceso del crecimiento del sistema celular. Desde un principio había recibido críticas, y la falta de armonía en los grupos celulares no tardó en aparecer. Pero como sabía que este sistema era el propósito de Dios, me puse en la brecha para guiar al pueblo en la guerra espiritual.

Los grupos celulares siguieron creciendo, y al mismo tiempo teníamos que hacer guerra espiritual y pasar por el río de la prueba. Aún así siempre triunfábamos, gracias a la sabiduría de Dios y al poder del Espíritu Santo.

La oposición

Luego de tener una reunión con los futuros líderes de grupos celulares, anuncié a toda la congregación sobre la ejecución de un nuevo plan relacionado con el sistema celular. Nuevamente les expliqué sobre cómo Dios me había hecho entender la importancia de esta visión, y les di el fundamento bíblico de los grupos en los hogares, así como también les comenté que delegar la autoridad a las mujeres para dirigir los grupos celulares, era bíblico.

– Este plan no es mío, sino de Dios. Por lo tanto, necesito su colaboración. Nuestra iglesia está compuesta por veinte distritos, y ustedes deben participar en las reuniones celulares esta semana.

Sobre todo, enfaticé que este plan no era nuestro, sino de Dios. Les repartimos una carta como recordatorio de dónde se realizarían las reuniones celulares en cada zona, para que todos participaran en el grupo más cercano a su hogar.

Comenzamos el primer encuentro. Esperaba que todos supieran qué debían hacer, y que todo saldría bien. Tuve una fuerte convicción de que así resultaría. Error. Me reportaron que muchos no estaban de acuerdos con este sistema. No sabía qué hacer. Para resumir, decían que les era imposible conceder un tiempo extra para las reuniones de grupos celulares. Aparte de eso, muchos hombres se negaron a someterse bajo el liderazgo de una mujer. Fue algo previsto. Pero lo que no esperaba era que las mismas mujeres estuvieran en desacuerdo con esto.

Al fin las mujeres protestaron; dijeron que yo les había enseñado que la mujer guardara silencio en la congregación, y que debían estar bajo el liderazgo de un hombre. Algunas quejas fueron extremadamente severas, hasta hubo momentos en que entre los mismos líderes se criticaron mutuamente.

De los dos mil cuatrocientos miembros, tan solo seiscientos asistieron a las reuniones celulares. Nadie sabía qué hacer ni cómo encarar la situación. Lo peor era que yo estaba en lo mismo: las mujeres tenían que preparar su propio material para presentar como enseñanza en las reuniones celulares.

Yo no tenía fuerzas suficientes para entrenar y capacitar a los líderes, como tampoco tenía instrucciones que darles. Simplemente había abierto la puerta. Solo les había aconsejado dos cosas: número uno, cuidar las ovejas para que no dieran pasos hacia atrás en la vida cristiana; y número dos, evangelizar a los nuevos que debían ser invitados a las células. En otras palabras, básicamente no había otra teoría ni práctica.

Como estaba previsto, la oposición más grave vino por parte de los hombres. Ellos se negaban a que una mujer les impusiera las manos para recibir sanidad y llenura del Espíritu Santo. Una mujer dijo que había sido golpeada por su marido cuando discutían este tema. También hubo críticas de que el modelo celular no era nada sistemático.

El domingo siguiente enfaticé que las mujeres estaban bajo mi autoridad, y que las líderes servían en los grupos celulares como mi portavoz, no como líderes independientes. Descubrí que era necesario enfatizar la autoridad de los líderes de grupos celulares. Había personas que eran difíciles de manejar, pues no querían saber nada de grupos celulares; y lo peor era que aconsejaban a otras personas para que no participaran en esas reuniones.

Falta de capacitación

En la segunda semana la asistencia aumentó. Aunque no les había dado ningún tipo de instrucción, la gente comenzaba a descubrir el sentido de los grupos celulares. Pero las líderes tenían dificultades en ciertos aspectos como la dirección del grupo, y yo no era capaz de brindarles alguna instrucción.

Los líderes de grupos celulares jamás habían sido capacitados, y el conocimiento que tenían sobre las Escrituras y las doctrinas teológicas era muy superficial. Y por causa de esto, en el caso de un líder, enseñaba doctrinas erróneas como el triteismo, y explicaba que el Hijo y el Espíritu Santo eran dioses inferiores al Padre.

Otros argumentaban que la evidencia de la salvación era únicamente el don de hablar en lenguas. Había que corregir. Yo jamás había predicado semejante cosa; pero por causa de la falta de capacitación, algunas doctrinas erróneas eran enseñadas, fuera de control.

Algunos líderes trabajaban con tanta libertad y descontrol, que causaban un gran caos dentro de la iglesia. Mis ojos presenciaban lo previsto. Todos los argumentos que había presentado delante de Dios parecían correctos, pero los resultados indicaban que, como consecuencia, la iglesia parecía desvanecerse.

Pero el Espíritu Santo habló a mi corazón en un tono suave y humilde:

– Hermano Cho, tienes razón, pero recuerda que toda la hermosura de la Tierra ha sido creada en medio del caos y del desorden. Sigue adelante.

Descubrí que algunas de las líderes progresaban en forma excelente, pues suplían las necesidades de la gente, e invitaban a personas nuevas a sus reuniones. Habían constituído una excelente organización; aunque fuesen pocas, sus reuniones eran un ejemplo para el resto de la congregación.

Un día reuní en mi oficina a las líderes que habían tenido éxito, y les pregunté cuál había sido la clave. Y descubrí que todas, sin excepción, habían recibido una cierta clase de capacitación.

– Usted no debe dejar que las líderes enseñen en los grupos celulares sus propios pensamientos e ideas.

– ¿Sí? Entonces, ¿qué debo hacer?

– La gente necesita formarse. Usted nos ha delegado su autoridad. No debe dejar que ninguna de nosotras predique la palabra según nuestro parecer.

Inmediatamente supe que esa persona estaba en lo correcto, y comencé a escribir los bosquejos de mis mensajes para luego repartirlos a los líderes. Reunía a todos los líderes de grupos celulares todos los miércoles, les repartía el bosquejo y les aclaraba su contenido. En especial, les explicaba a las mujeres detalladamente sobre el mensaje que quería que ellas predicaran.

En el bosquejo incluí también el orden que tenían que seguir en cada reunión: oración de apertura, alabanza, oración individual, mensaje de esperanza, ofrenda, oración por sanidad y la llenura del Espíritu Santo, y oración final.

Después de un mes, las reuniones de grupos celulares comenzaron a tomar forma. Por un momento pensé que todo iba a salir bien. Pero era como escalar una montaña tras otra, y cada vez que lograba solucionar un problema, otro subía a la superficie.

Grupos celulares con otros propósitos

La falta de capacitación siguió causando otros problemas. Los grupos celulares continuaron creciendo, y los líderes obedecían al pie de la letra todas mis instrucciones. Daban la palabra, oraban por las necesidades, pero no sabían cuándo debían concluir. Es decir, la atmósfera de la reunión pasaba de ser de un culto a una fiesta. La palabra quedaba en un segundo plano, y los miembros de grupos celulares se convertían en protagonistas de una reunión con otros propósitos.

Obviamente, las reuniones se llevaban a cabo en distintos lugares cada semana. Y había una especie de competencia en cuanto al trato con los invitados. Si en una casa le ofrecían arroz con *kimchi*, la semana siguiente invitaban con pescados y mariscos, y otra familia ofrecía carne, y así sucesivamente. Era como competir para ver quién sería el mejor anfitrión.

Como consecuencia de esta competencia, algunos quedaban rezagados debido a su baja posición social. Lo esencial había desaparecido, y los grupos celulares eran la principal excusa por la que las amas de casa descuidaban sus hogares. La armonía familiar estaba en peligro.

La ministración y el mensaje se diluían, absorbidos por la fiesta. Esto me obligó a agregar algunas instrucciones: número uno, respete el orden de la reunión; número dos, limite la reunión a una hora; número tres, respete el horario preestablecido de inicio y fin de la reunión; número cuatro, solo ofrezca galletas y bebidas, nada más.

Aunque pude ver algunas correcciones, noté que algunas reuniones se prolongaban más de lo debido y antes de comenzar se servía café. Parecía no encontrar solución. Después de seis meses me vi obligado a agregar: no coma ni beba antes de la reunión.

Lentamente las reuniones de grupos celulares comenzaron a recobrar el orden.

Pastores con otros propósitos

Todo parecía salir bien cuando otra tormenta arrasó con todo lo que encontraba en su camino. El problema era que la gente se quejaba, decía que los líderes no tenían la suficiente espiritualidad y unción para predicar la palabra. Era tan grave la situación que llegó al punto cuando tuve que intervenir bruscamente. Y en otros grupos, debido a la gran demanda de los mismos integrantes, se invitaban a pastores de otras iglesias, ajenos a nuestra denominación, para que predicaran.

El problema surgió cuando esos pastores, en vez de predicar la palabra, venían a hacer propagandas de sus propios ministerios; además, pedían que los integrantes del grupo ofrendaran para su iglesia. En algunos grupos celulares el líder pedía una ofrenda especial para apoyar el ministerio de esos pastores, algo que yo jamás había autorizado. Los líderes habían comenzado a invitar sin mi permiso. Aparte de eso, daban enseñanzas inaceptables.

Les expliqué a los líderes que no era correcto invitar a pastores de otros ministerios a sus respectivos grupos celulares, así como tampoco ofrendar para ellos. Enfaticé una y otra vez que enseñaran solo en base al bosquejo que les repartía todas las semanas.

Alcancé a controlar la situación, pero algunos siguieron caminando en desobediencia, lo que me obligó a mejorar la supervisión de los grupos celulares. Quería asegurarme de que no ocurriera cosa semejante bajo ninguna circunstancia.

Dinero, intereses, inversiones

Llegó otra tormenta, ahora tenía que ver con el dinero. Naturalmente, los integrantes de los grupos celulares empezaron a relacionarse profundamente, y no estaba mal, porque así debía ser la característica de un grupo celular. Además, coincidía con el carácter de nuestra cultura, porque a un coreano le encanta tener amistad con la gente y abrir su corazón.

Pero sucedió que los integrantes de algunos grupos comenzaron a pedir préstamos de dinero, y algunos a hacerles pagar intereses, mientras que otros invertían dinero en la empresa de otros integrantes. Como consecuencia, el contenido de las charlas no era espiritual sino mundano y material.

Algunos comenzaron a comprar propiedades y a buscar más oportunidades de inversiones, y otros tentaban a la gente para que invirtiera dinero en sus negocios. La tragedia ocurría cuando estos empresarios fracasaban en la administración de sus finanzas y quedaban en bancarrota.

Las cosas de este mundo se habían infiltrado en las fibras más íntimas de los grupos celulares. Tuve que intervenir de inmediato. El interés de un grupo celular debe ser el amor y la pasión por las almas perdidas, puesto que ese es el corazón de Dios.

Limitamos el tamaño

A medida que los grupos celulares fueron creciendo, tuvimos que enfrentar otros obstáculos. Hubo algunos grupos celulares que lograban reunir entre treinta y cincuenta familias. Obviamente, la sala de una casa no era suficientemente espaciosa para tantas personas, pero aún así se reunían y ocupaban hasta el patio de la casa, lo que hacía difícil la tarea del líder. Más que un grupo celular, parecía como una iglesia recién nacida. El crecimiento en sí no estaba mal, pero esa no era la forma de un grupo celular.

Estaba claro que los grupos celulares necesitaban ser más pequeños. Entonces preparé un plan para formar futuros líderes, y ordené que un grupo celular no podía estar constituido por más de quince familias.

Al principio los integrantes de algunos grupos grandes se resistieron, pues ya habían cultivado una relación profunda entre ellos, y se pusieron de acuerdo en continuar así. Pero les expliqué que debían entender un propósito más grande. Los exhorté a aceptar que los grupos celulares debían reproducirse, que debían convertirse en el sitio perfecto donde los nuevos pudieran tener acceso y sentirse cómodos. Enfaticé que el proposito de un grupo celular era reproducirse a través del evangelismo, y que nunca debían hacer del grupo celular una gran masa.

Finalmente, adopté la idea de sistematizar estos detalles y hacerlo entender a los líderes. Por ejemplo: "Un grupo celular debe formar una segunda célula cuando esta sobrepase el límite de quince familias".

No fue una decisión fácil, porque hubo quienes pensaban que yo quería dividir sus amistades. En un comienzo, algunos siguieron con su ex líder, pero gradualmente los miembros fueron entendiendo la importancia de la reproducción, y comenzaron a mostrarse más cooperativos, aunque tuvimos que esperar mucho tiempo para ver los efectos positivos.

La ofrenda y el interes propio

En cada reunión debían levantarse una ofrenda, porque quería hacer entender a la gente que la ofrenda era parte del culto. Pero el problema surgió cuando los líderes usaron la ofrenda para satisfacer sus intereses propios. Es decir que aprovechaban algunos días para pagar sus gastos, porque ingresaban la ofrenda a la tesorería de la iglesia el domingo siguiente. Lo peor de todo esto era que la tesorería nunca llegó a registrar la ofrenda de algunos grupos celulares.

Cuando descubrí este problema, supe que había necesidad de sistematizar los grupos celulares, establecer más orden, y pedí que designaran a un secretario y un tesorero en cada grupo. El secretario era responsable de recoger la ofrenda y registrarla, mientras que el tesorero la guardaba hasta entregarla al tesorero general de la iglesia el día domingo.

Noté la necesidad de un sistema más organizado, mejor supervisado y más balanceado. Ordené a todos los líderes de grupos celulares que llenaran un formulario todas las semanas, en el que debían escribir: nombre del predicador, nombre de los integrantes, numero de nuevos conversos y suma total de la ofrenda. A través de este trabajo, pude ver más claramente qué dirección debíamos tomar.

La importancia de una organización sistemática se hizo palpable. Los grupos celulares crecieron de tal manera que se hizo imposible que la pastora Choi manejara el tema de la administración, pues yo no podía cooperar debido a mi estado de salud, y la pastora debía correr de un lugar a otro. Los grupos celulares crecieron a más de ciento cincuenta, y vimos la gran necesidad de una ayuda extra, y finalmente contratamos a tres pastores para que supervisaran cincuenta grupos celulares cada uno.

El robo de ovejas

El ataque del enemigo fue incrementándose a medida que la iglesia crecía. Literalmente, era lo peor que podía haber imaginado. En mi iglesia las mujeres ocupaban un lugar fundamental con relación al crecimiento. Ellas eran la fuerza centrípeta de mi ministerio, y eran como los miembros de mi cuerpo. No obstante, algunos líderes hombres que ocupaban una posición media en el liderazgo, querían despojar la autoridad de las líderes que estaban sobre ellos. Además, el conflicto mayor vino cuando los tres copastores comenzaron a pensar que la gente los seguía a ellos, y no a mí y a la iglesia.

Los copastores acordaron en dividir a la iglesia en tres partes de cincuenta grupos celulares cada uno, y esto causó un problema serio a nivel de toda la congregación, porque cada uno de ellos estaba al frente de dos mil miembros.

Les advertí que corrigieran su error. Estaban robando mis ovejas. Mas ellos rechazaron mi advertencia, y anunciaron a todos los integrantes de su distrito que no asistieran al templo, sino a la reunión de sus respectivos grupos celulares. Por supuesto, yo nunca había permitido semejante cosa. No podía creerlo. ¿Cómo hombres que estaban bajo mi autoridad pudieron crear tal división?

Esta situación duró durante seis meses. Los copastores pensaron que los dos mil miembros de su distrito iban a asistir a sus reuniones. Error. Apenas lo hicieron entre trescientos y quinientos miembros.

Pero igualmente planificaron detalladamente construir una nueva iglesia, y siguieron alimentando su ambición con esas ovejas robadas.

Mientras tanto, contraté a otro pastor para que supervisara los distritos. Con el correr del tiempo, muchos de los que se habían ido volvieron a mi iglesia. Después de seis meses, los tres ex copastores se quedaron sin ovejas, renunciaron al pastorado y abandonaron la ciudad de Seúl. Hoy son pastores de iglesias pequeñas, pero lo cierto es que la bendición que el Señor tenía planeado darles, quedo estancada.

El error que cometieron fue confundir la autoridad que yo les habia delegado, como si se manejaran con su propia autoridad. Rompieron el límite de autoridad para extender la de ellos, y por eso pensaron que los integrantes de su distrito los seguirían. Por cierto, estaban equivocados. El pastor de ellos era yo.

A partir de ese momento decidí formar pastores dentro de los hermanos de la congregación. El requisito era ingresar en el Seminario Bíblico y tener como mínimo tres años de experiencia como pastor en nuestra iglesia. Era la condición establecida para que un líder de grupo llegara a ser pastor de distrito. La iglesia aportaría financieramente, y en caso de que el líder quisiera fundar una iglesia, estaríamos dispuestos a ayudarlo, por ejemplo, ofrendar por un cierto periodo de tiempo.

La condición era clara: no robar ninguna oveja de la iglesia, sino ganar almas nuevas.

Sugerencias para el desarrollo del grupo celular

1. Prevea la oposición dentro del ministerio.
2. Establezca instrucciones en cuanto a la correcta administración de grupos celulares.
3. Capacite a los líderes de grupos celulares.
4. Tome como modelo los grupos celulares que más crecen.
5. Apunte a lograr una comunión íntima dentro del grupo celular.
6. Enseñe el principio de la reproducción.
7. Capacite a los pastores de distrito.

Temas para pensar

- ¿Cuál es el problema de su grupo celular, y cuál es su solución?
- ¿Tiene instrucciones en cuanto a cómo dirigir un grupo celular?
- ¿Qué características tienen los grupos celulares que más crecen en su iglesia?

●Los grupos celulares y
el iglecrecimiento

3

Los grupos celulares y el iglecrecimiento

Crecimiento diario a través del evangelismo

El cuerpo humano necesita ser fortalecido a través del ejercicio y un régimen alimenticio correcto. En caso de no ser así, dejará de funcionar. Lo mismo ocurre con el cuerpo de Cristo, la Iglesia. Una de las cosas más importantes para una iglesia en crecimiento es el evangelismo.

Sin evangelismo la iglesia se estanca y muere. El Señor Jesús ordenó no solo evangelizar al vecino de al lado, sino ir por todo el mundo y proclamar el evangelio a toda criatura. El organismo que se pone en la brecha para cumplir este mandato, es el grupo celular.

La iglesia más pequeña del mundo

Uno de los problemas más críticos de la actualidad es el poco o ningún valor que se le da al hombre. Debido al rápido crecimiento de la población, el hombre es considerado como "uno más" dentro de una gran masa de gente. Como consecuencia, todos tratan de luchar con este no-valor, y rechazan ser considerados como un número y no como una persona. Este conflicto resulta en sentimientos de rechazo, de soledad y de falta de objetivo.

Este problema es comunmente visto en las iglesias grandes. La mayoría de las mega-iglesias de Corea han sido fundadas bajo el liderazgo carismático de un hombre ungido con características de un predicador fogoso. Por tanto, las enseñanzas y las palabras de aliento son como un oasis en medio del desierto, para su congregación. Los miembros esperan que Dios y su palabra los consideren más que números. El problema es que mientras escuchan la Palabra de Dios, sienten un contraste en cuanto al trato con ellos entre el mensaje y la iglesia. Están sentados en los bancos como espectadores.

En la mayoría de las iglesias grandes, solo algunos elegidos participan en el ministerio, pero de una manera muy limitada. Existen reuniones de estudio bíblico y de oración; pero el porcentaje de quienes participan en ellas es mínimo. Y en caso de que estas reuniones tengan un carácter abierto y obligatorio, el individuo tiene menos posibilidades de participación. Como consecuencia, la pasión del primer amor se desvanece y se congregan en la iglesia solo los domingos.

En cambio, el grupo celular ofrece una oportunidad de participación a todos los que anhelen ser activos en la vida de la iglesia. En las iglesias grandes, paralelamente las posibilidades de llegar a una posición alta como es la de anciano o diácono, son muy escasas, así como tampoco pueden todos enseñar en la escuela dominical. En los grupos celulares es distinto: todos tienen acceso a ser partícipes.

Quiero calificar mi iglesia, la Iglesia del Evangelio Completo de Yoido, como la iglesia más grande del mundo pero, a su vez, la más pequeña del mundo. Mi iglesia cuenta con una congregación que supera los setecientos cincuenta mil miembros. Pero a su vez, todos están involucrados en un grupo celular que no excede las quince familias como miembros.

Misioneros de zona

Todos los miembros de nuestra iglesia se reúnen en grupos celulares en sus zonas. Es en su grupo celular donde aprenden la

Palabra de Dios, experimentan la sanidad y los milagros, y tienen la oportunidad de relacionarse con los integrantes de su grupo celular. Asimismo, los integrantes de un grupo celular no son considerados como un número, sino como una persona. Todos los integrantes descubren que se les consideran como "él", y no como "ese".

Aunque un integrante del grupo ocupe una posición alta dentro de la iglesia, dentro de su grupo celular su líder viene a ser su pastor. El líder conoce las necesidades de cada integrante del grupo, y suple el toque íntimo que el pastor general no puede suplir. Los integrantes del grupo celular tienen total libertad de dar a conocer sus éxitos y fracasos dentro del grupo, donde se forma un lazo de amor y amistad.

El estilo del culto de mi iglesia es clásico y tradicional. Una numerosa masa de gente entra y sale del templo en cada reunión. Mientras que algunos prefieren presenciar el culto por televisión, satélite o Internet. Lo que nos obliga a limitar los cánticos con himnos tradicionales y respetar el horario preestablecido. La gente se sienta para oír el mensaje y recibir la sanidad o alguna conviccion. La gente asiste a la iglesia para adorar y alabar a Dios.

En cambio, en los grupos celulares el trabajo se hace más individual, porque todos tienen la oportunidad de ser usados por Dios para capacitar a otros. La escritura nos exhorta: *"Pero todas estas cosas las hace uno y el mismo Espíritu; repartiendo a cada uno en particular como él quiere"* (1 Corintios 12:11). Los líderes de grupos celulares enseñan según los principios doctrinales de la iglesia; todos tienen la oportunidad de usar el don de profecía, diversos géneros de lenguas, interpretación, palabra de sabiduría, palabra de conocimiento, etc.

La totalidad de los integrantes del grupo celular pueden orar por los enfermos, creyendo que la sanidad llegará a sus vidas. En fin, los integrantes del grupo experimentan el avivamiento en su grupo celular, y extienden su amor, y cultivan así la semilla del evangelio en el corazón de sus vecinos. Especialmente, cuando los vecinos aceptan la invitación de participar en sus grupos celulares, sienten un gozo enorme.

De esta manera, todos los integrantes del grupo, a través de la consagración y el amor, se convierten en misioneros y pastores de zona que tienen la responsabilidad de traer avivamiento a su comunidad.

Avivamiento todos los días del año

Los miembros de la Iglesia del Evangelio Completo de Yoido son hombres y mujeres de pasión, porque experimentan el avivamiento los trescientos sesenta y cinco días del año. En realidad, todas las iglesias necesitan este tipo de avivamiento, y es necesario que todos los que conforman grupos celulares sean activos y positivos. A decir verdad, comenzando desde el día domingo, todos los días son días de culto.

El avivamiento no llega por el esfuerzo de una persona. Por tanto, no puedo decir que "yo he sido la causa del avivamiento de mi iglesia". Francamente hablando, en mi iglesia el avivamiento se mantiene estable sin relación a mi presencia o ausencia. Uso gran parte de mi tiempo para dirigir conferencias y cruzadas en el exterior, y debido a que el Espíritu Santo sigue usando a los grupos celulares, el avivamiento no cesa. Esto implica que mientras la iglesia permanezca bajo la dirección del Espíritu Santo aferrado a los principios del sistema celular, la llama del avivamiento no se apagará jamás.

Los integrantes de un grupo celular cuentan con muchos privilegios. Por ejemplo, tienen la oportunidad de hablar de sus inquietudes y formar una gran familia junto con otros creyentes. Todos tienen libertad de expresar sus problemas y pedir oración y consejería a su líder. La relación es mucho más que un lazo de oración y consejería, porque está acompañada de acciones de bondad y amor. Se ayudan mutuamente, y se cuidan como a sí mismos

Voy a contar una anécdota. Sucedió que había una hermana, integrante de un grupo celular, y su esposo había perdido el empleo hacía ya mucho tiempo. Los integrantes de su grupo, en un acto de amor, les habían ofrecido alimento y ropa. Era como estar en la atmósfera de la iglesia primitiva. En otro grupo celular, al saber que una hermana estaba pasando por grandes problemas económicos, y no podía pagar el arancel de la universidad, todos los compañeros del grupo aportaron financieramente para que sus hijos no abandonaran sus estudios.

Los integrantes del grupo celular visitan a enfermos en los hospitales, oran por ellos y ayudan a limpiar sus casas. En caso de que un miembro de un grupo falleciera, todos van a ayudar a sus familiares para hacer los preparativos necesarios para su funeral.

Esta es una vida de comunidad muy poderosa. Todos ayudan al otro. Es así que todo el que se involucre a un grupo celular siente que es amado. Esto es una bendición que no podrá encontrarse en iglesias donde no trabajan con este sistema.

La mayoría de los grupos celulares de mi iglesia es de mujeres. En Corea los hombres tienen muchas horas de trabajo, mientras que las mujeres se ocupan de los quehaceres del hogar y tienen más libertad de seleccionar un día y reunirse en grupos pequeños, que generalmente son de quince a veinte miembros, y una de ellas es la líder.

En cambio, los hombres no tienen la misma posibilidad de participar en los grupos celulares como las mujeres, debido a sus largas jornadas de trabajo. Los hombres generalmente se reúnen los días sabados por la noche, u otro día, según su comodidad, y son orientados por un líder masculino. No limito que las reuniones sean exclusivamente para hombres o exclusivamente para mujeres; las puertas están abiertas para todos. En caso de que haya un día feriado o no haya ido a su trabajo debido a una enfermedad, un miembro tiene absoluta libertad de participar en la célula de mujeres junto a su esposa. O en el caso de la esposa, ella puede participar adicionalmente del culto de los hombres los días sabados, junto con su esposo.

Envíenos más

En mi iglesia los jóvenes y los niños también se reúnen de acuerdo al sistema celular. Los grupos celulares de jóvenes son poderosos. Muchos de ellos se reúnen en sus lugares de trabajo al final de la jornada; eso es lo que denominamos "Grupos celulares para hombres de trabajo". Es decir, los que trabajan en una misma empresa, o en distintas empresas pero de una misma zona, forman un grupo celular.

Había una zona muy particular donde trabajaban muchas de nuestros miembros, como secretarias. Descubrieron que la hora del almuerzo era un muy buen horario para reunirse. Acordaron en aprovechar el poco espacio que tenían entre el almuerzo y la hora de regreso al trabajo, y así comenzaron a reunirse para aprender la Palabra de Dios, orar y tener comunión. Algo genial era el lugar donde se reunían, en las oficinas, pues resultó ser un lugar estratégico para invitar a sus compañeros de trabajo.

Varios empleados de la fábrica de chocolate más grande de Corea expresaron la idea de reunirse en la misma fábrica. Por supuesto, eran miembros de nuestra iglesia. Acordaron en encontrarse en el horario del almuerzo. Y les pidieron a las autoridades de la empresa que les permitieran el uso del lugar. Pero, las autoridades rechazaron la petición, dijeron que podrían afectar el horario de trabajo debido al corto tiempo del almuerzo.

A pesar de la oposición, los empleados miembros de nuestra iglesia no se dieron por vencidos, oraron, y plantearon al gerente lo siguiente:

– Permítanos retornar al trabajo una hora más tarde después del almuerzo.

– ¿De qué hablan?

– Si nos permite, trabajaremos una hora extra.

– Pero se compararían con otros empleados.

– No. Haremos un esfuezo extra, y la empresa no va a tener problemas con nuestra productividad. Además, la empresa no tendrá que pagarnos un sueldo adicional por la hora extra de trabajo.

– Realmente no sé qué decir. Voy a preguntar a las autoridades.

El gerente se mostró escéptico; sin embargo, las autoridades otorgaron el permiso, y los empleados miembros de nuestra iglesia,

45 años de esperanza, el milagro de los grupos celulares

no solo cumplieron las horas extras, sino que aumentaron la productividad: elaboraron más chocolates.

Un día el gerente me llamó por teléfono para mostrarme con gran satisfacción el excelente papel que cumplían nuestros miembros, y dijo:

– Pastor Cho, no puedo dejar de maravillarme del ahínco de los trabajadores, miembros de su iglesia. Son los mejores empleados. Si tiene más obreros como ellos, por favor, le ruego que nos los envíe. Estamos dispuestos a contratar a todos aquellos que usted nos recomiende. Si no hay puestos vacantes, estamos dispuestos a crearlos.

La pasión y el esfuerzo de nuestros hombres era palpable. Pensé que todo esto se debía al trabajo celular. Los miembros de nuestra iglesia estaban muy motivados, y los grupos celulares eran los mejores canales para evangelizar.

La evangelización a través de los grupos celulares

Jesús dijo que el Espíritu Santo vendría sobre nosotros, y que recibiríamos poder, y seríamos testigos primeramente en Jerusalén, y luego en Judea, Samaria, y hasta lo último de la Tierra. Pero mi énfasis está en Jerusalén.

Debemos evangelizar el lugar donde Dios nos ha puesto, sea pueblo o ciudad, a través de los grupos celulares, e ir extendiendo el radio de acción. El evangelismo a través de los grupos celulares ha sido un programa que he implantado desde los mismos comienzos de mi ministerio. En una palabra, los grupos celulares fueron la clave del crecimiento.

Mi iglesia no adoptó el evangelismo en las calles. En muchos aspectos, este tipo de evangelismo no coincide con el evangelismo a través de los grupos celulares, porque el evangelismo en las calles da un sentimiento de rechazo, algo así como cuando uno recibe la visita de un testigo de Jehová o un mormón.

Es cierto que muchas almas han sido salvas, y el Espíritu Santo invoca a los que han preparado el corazón y nos motiva a que vayamos a las calles a proclamar el evangelio. Pero por lo general, el evangelismo en las calles desanima al predicador, pues el porcentaje de frutos es muy bajo.

En mi iglesia recomendamos el evangelismo a través de los grupos celulares. Todos los grupos celulares deben ser el centro del avivamiento de la zona, puesto que es en esos grupos donde se descubre la vitalidad.

Cuando en un grupo celular fluye la vida de Jesús, el fruto del evangelismo se fortalece. Y los integrantes del grupo sienten un gran gozo y dan testimonios de cómo Dios se ha manifestado en sus vidas, y de esta manera se convierten en imanes que atraen a los inconversos.

Los no creyentes sienten curiosidad al ver los grupos celulares, y anhelan saber cómo pueden estar tan contentos en medio de la tribulación. Al final, ellos golpean la puerta del grupo celular para saber qué es lo que pasa allí. Los miembros salen a buscar a los futuros conversos y a servirlos, para que en un futuro cercano muestren interés por los que proclaman el evangelio.

Aprender a inclinar el oído

Los líderes de grupos celulares tienen que motivar a los integrantes de su grupo celular a investigar cuáles son los problemas que tienen los inconversos de su zona. Esto es lo que yo denomino "aprender a inclinar el oído". Los integrantes del grupo celular escuchan la conversación cotidiana de la gente. Y mientras que escuchan, deben preguntar al Espíritu Santo.

– ¡Señor! ¿Hay alguna manera en que yo pueda testificar de ti a ellos? ¿Me permites dirigirlos al estrado de tus pies? ¿Quién puede solucionar sus problemas?

Y deben seguir la dirección del Espíritu Santo. Si desea ser usado por Dios como testigo, solo tiene que ir y proclamar el evangelio, en medio del contexto del problema que esa persona vive. Pero si piensa que otra persona es especialista en el tema, puede encomendarle el caso.

Un líder de grupos celulares fue a un supermercado y escuchó algo. Se trataba de una mujer que comentaba a su compañera los problemas que tenía en su vida matrimonial. El núcleo de la cuestión era que pensaba en el divorcio. El líder de grupos celulares se dio cuenta que el problema de esa mujer era muy parecido al de su pasado. En un acto de osadía, interrumpió la conversación y dijo:

– Disculpe... escuché por casualidad lo que usted comentaba a su amiga.

– ¿Qué comentario?

– Escuché que tenía problemas con su cónyuge. Yo también tuve el mismo problema. Quisiera decirle cómo logré superarlo y mantener la felicidad en mi familia. La invito a tomar un café.

– ¿Cuándo? ¿Dónde?

– Soy cristiana, y hay una reunión llamada grupos celulares. Está invitada.

– Sí, me gustaría participar.

Automáticamente, aceptó la invitación. En seguida, la líder comenzó a hablarle sobre cómo logró superar el conflicto y salir del borde del abismo del divorcio, y cómo llegaron a recibir a Jesús y sus vidas fueron transformadas. También no se olvidó de hablarle de la necesidad de recibir a Jesús como su Señor y Salvador, y explicarle lo hermosas que eran las reuniones celulares. Solo había dicho que sus compañeras eran personas de mucha comprensión, y que iban a ayudarle a superar su problema.

La pastora Choi junto con lideres de
grupos celulares

La mujer se conmocionó al participar en el grupo celular, aunque se sintió un poco incómoda en el momento de la alabanza; observó que las integrantes del grupo tenían muchas cosas en común con ella. Si en algo se distinguían, era que las hermanas se veían alegres y llenas de paz, ella no.

En la primera reunión la mujer no entregó su corazón a Jesús, pero luego de un par de reuniones consagró su vida al Señor y empezó a congregarse en la iglesia. Después de no mucho tiempo el esposo también llegó a la iglesia. En fin, el marido también recibió a Jesús y lograron conservar un feliz matrimonio.

Este tipo de testimonios me demostraron que en el caso nuestro, el evangelismo "de mujer a mujer" era sumamente eficaz e importante. En mi iglesia, el número de las mujeres supera al de los hombres, y esto es una característica general en todas las iglesias. En caso de que una mujer reciba a Jesús y comience a asistir a la iglesia, generalmente sus hijos la acompañan. Esto es casi como un principio natural, debido a que las madres desean alimentar espiritualmente también a sus hijos. Es el poder del amor maternal que puede compararse con un imán.

Sé de lo importante que es que el hombre ejerza la autoridad espiritual de su familia, pero generalmente los hombres no son tan sensibles a las cosas espirituales. Primeramente ellos observan a su cónyuge y a sus hijos, y luego estudian sobre el beneficio que pueden recibir al involucrarse con una iglesia, y si entienden que es positivo, recién allí deciden congregarse.

En caso de que el hombre sienta atracción por el grupo celular, descubrirá que él también tenía pasión por la vida cristiana.

Una de las cosas que más necesitan nuestras iglesias es la evangelización de la ciudad. El principio es simple: mientras más grande sea el mar, más peces hay.

Hay algunos que sostienen que las iglesias deben abandonar las ciudades. Esto es irreal. Las ciudades son los mejores lugares de pesca.

He visto cómo el materialismo ha penetrado en la mente de las personas, las hace alejar de la iglesia e interfiere de una manera negativa: bajo su influencia es difícil abrir sus corazones. Mi iglesia ha tenido éxito en ganar la ciudad, pues la ciudad de Seúl es una de las ciudades más grandes del mundo, con una población que supera los diez millones de habitantes. Los grupos celulares lanzaron las redes en este cardumen de oro, y cada vez que se determinan a ganar almas, centenares y millares de personas llegan a la iglesia.

En efecto, hoy llegamos, en cuarenta y cinco años de ministerio –como ya hemos dicho– a setecientos cincuenta mil miembros.

Ganar en los ascensores

Uno de los obstáculos más grandes en el evangelismo en ciudades como Seúl, son los apartamentos, lo cual dificulta el encuentro persona a persona. Mis miembros no tocan el timbre y suben al azar. Esa no es nuestra forma de evangelizar.

Una de las líderes planteo lo siguiente. Ella comenzó a subir y bajar dentro del ascensor por varias horas, y descubrió que se presentaban muchas oportunidades de ayudar. Por ejemplo, una madre necesitaba que alguien le sostuviera su bebé, y una anciana necesitaba que alguien le llevara sus compras hasta la puerta de su casa. La líder decidió ser ese "alguien".

Después de un tiempo empezó a formar un profundo lazo de amistad con sus vecinos del edificio. Mientras tanto, ella formaba su grupo celular dentro de su apartamento, y oraba por aquellos a quienes les había dado una mano. Al final consiguió saber el número de teléfono de sus vecinos, y un día los invitó a su grupo celular. Los invitados fueron guiados a la iglesia, y recibieron a Jesús como su Señor y Salvador.

Aun hoy nuestros líderes trabajan exitosamente. Si usted va un viernes por la tarde a un apartamento y sube al ascemsor, va a encontrarse con una persona que no baja del mismo, sino sigue dentro para ayudar a sus vecinos. Esa persona le dirá, sonriendo:

– ¿Quiere que le ayude a llevar eso?

– ¿Quiere que le ayude a abrir la puerta?

– ¡Qué hermoso bebe! ¿Me deja abrazarlo?

– ¿En qué piso vive? Yo vivo en el "séptimo E". Es usted muy bonita.

– ¿Tiene problemas con el grifo de agua? Mi esposo es especialista en eso. Si desea podemos ayudarla.

Mientras tanto, se echa la semilla del evangelio. Mis miembros son hombres y mujeres que se caracterizan por la servidumbre y la pasión por ganar almas; por lo tanto, aún cuando se mudan al interior del país, anhelan seguir asistiendo a uno de nuestros grupos celulares.

La iglesia como organismo

El evangelismo es el núcleo del iglecrecimiento. A los comienzos de 1980 logramos crecer a diez mil grupos celulares, y a fines de 1990 a cuarenta mil. Tengo la certeza que cualquier iglesia puede crecer si adopta el sistema celular. Si es una iglesia grande, el sistema celular es algo vital que sus miembros necesitan, porque si consideramos una congregación de dos mil como una iglesia grande, el pastor sufrirá de neurastenia si trata de correr de un lado a otro.

En una ocasión alguien me preguntó cuál era la cantidad máxima que un pastor podría llegar a cubrir. En mi opinión personal, creo que el límite es de quinientos miembros. El pastor general tiene que relacionarse con sus copastores, así como también los copastores deben hacerlo con los líderes de grupos celulares de su distrito, y dejar que ellos desarrollen el ministerio.

Nuestra iglesia no se encuentra solamente en el templo y en las oficinas, sino también en los apartamentos, en las dependencias del templo y en las fábricas. Allí se desarrolla el ministerio. El templo central es solo un centro de culto donde la gente es motivada y educada los domingos. El ministerio de evangelismo se desarrolla más específicamente en los grupos celulares.

Mi iglesia es un organismo. Los grupos celulares son como las células biológicas, y tienen su misma función. Las células crecen y se reproducen dentro de un organismo. Una célula se reproduce en dos, y luego en cuatro, en ocho, en dieciséis... y así sucesivamente.

Las células no se adicionan, sino que se multiplican en una sucesión de progresión geométrica. Si un grupo celular crece a más de quince familias, este debe dividirse en dos. Y el grupo celular hijo debe tener como objetivo crecer hasta tener quince familias. Para ello invita a nuevos a su grupo, y al alcanzar la meta se reproduce, y pronto habrá cuatro grupos celulares... y así se multiplican.

Al principio los integrantes del grupo se resistían a la reproducción. Pero la reproducción es natural, es obligatoria. Todos los miembros de nuestra iglesia son conscientes de que la vida de la iglesia está en el crecimiento y la reproducción de los grupos celulares. Hay veces que los pastores de distrito tienen que intervenir y motivarlos; generalmente los grupos celulares se reproducen cuando estos crecen hasta que son formados por quince familias. Esta es una regla de nuestra iglesia, y todos tenemos la obligación de respetarla. Los miembros, en su mayoría, obedecen sin quejarse.

Hay momentos críticos cuando un grupo celular debe dividirse en dos, y muchos se entristecen debido a la profunda relación de amistad que han cultivado por un buen tiempo, quizá años.

Pero no tardan en volver a la normalidad, puesto que todos los grupos celulares están ubicados según su zona geográfica. Es decir, los integrantes siguen manteniendo un contacto íntimo, lo único que cambia es que su grupo se ha reproducido, y por lo tanto, están dirigiendo o participando de distintos grupos celulares, que también a su vez, tendrán como objetivo reproducirse.

Cerrar la puerta de atrás

El otro perfil del evangelismo es la importancia de la puerta de atrás. Muchas iglesias muestran su inquietud debido a que de las personas que ingresan a la iglesia, salen por la puerta de atrás. Sin cerrar la puerta de atrás, el iglecrecimiento se hace imposible.

En mi iglesia no existe la puerta de atrás. Esto se debe a que los grupos celulares son como una gran familia. A través de este lazo de amor, los miembros sienten un sentido positivo de pertenencia. Los líderes de grupos celulares se preocupa por sus integrantes del grupo como la gallina cuida a sus pollitos. El líder de grupos celulares es aquel que cuida a su manada, y en caso de que un integrante del grupo deje de asistir a la iglesia va en su busca para averiguar cuál es su problema. Luego ora, aconseja y lo ayuda a fortalecerse en su nivel de fe.

De esta manera, si una persona llega a un grupo celular, no hay manera de perderla. Siempre alguien está cuidándola y ayudándola.

Un día un matrimonio golpeó la puerta de mi oficina. Eran nuevos en la iglesia. Apenas terminamos de saludarnos, el esposo, con una gran sonrisa, dijo:

– Es imposible escaparse de esta iglesia.

– ¿Imposible? ¿Por qué?

Y empezó a comentar cómo su hijo se había unido con unos pandilleros. Fue en esos momentos que un líder de grupo celular conmovió su corazón, y fue convencido para asistir a una reunión celular y a la iglesia.

– Ya veo. ¿Y cómo le ha parecido la iglesia?

– Impresionante. Nunca habia visto una iglesia semejante. Es abrumadora e inmensa. Lo que más me ha impactado fue el ruidoso tiempo de oración. Nunca ví tanta gente orar, alabar y aplaudir tan fuertemente. Una vez terminado el culto, le expliqué a mi esposa que no era lo que yo esperaba, que era muy ruidoso, y que debía buscar otra iglesia.

– Cada iglesia tiene su característica y su particularidad; es decir, es como el carácter del hombre, todos somos diferentes.

– Pero sucedió que la líder de grupos celulares visitó nuestra casa otra vez, y nos invitó para que asistiéramos a la reunión celular y a la iglesia. Fue tal la presión, que al final decidimos mudarnos de ese lugar para poder liberarnos de esa mujer. Nos mudamos a una zona bastante lejana, y nos sentíamos libres.

No se daban cuenta, sin embargo, ellos ya se encontraban atrapados en la red de grupos celulares.

El sistema de redes

Cuando la líder de grupo celulares visitó su casa nuevamente para invitarlos a la reunión, ya estaban en su nuevo domicilio. El siguiente paso que tomó fue ir a las oficinas de registro civil y solicitar su nueva dirección postal, llenar los formularios de cambio de dirección, y entregarlo a las oficinas de la iglesia, con lo cual, nuestros administradores modificaron los datos, y le entregaron el formulario a otra líder que vivía en la zona donde esa familia se había mudado.

La otra líder de grupos celulares no tardó en golpear la puerta de la casa de esa familia.

– Disculpe. Soy una líder de grupos celulares de la iglesia de Yoido. Son nuevos aquí, ¿verdad? Bienvenidos.

Fue un viernes por la tarde cuando toda la familia disfrutaba el fin de semana y, repentinamente, otra red había caído sobre ellos. Al final, fueron convencidos por su nueva líder, y tuvieron en ese mismo lugar un tiempo de adoración. Luego de la reunión, el esposo dijo a la esposa:

– No sé qué podemos hacer. A menos que vayamos a los Estados Unidos o al cielo, será imposible escaparnos de esta iglesia.

– Querido, si no hay escapatorias, será mejor que asistamos a la reunión celular y a la iglesia.

Hoy son miembros fieles de mi iglesia. Pero esto se debio al denodado esfuerzo de una líder de grupos celulares. Supe que ellos estaban bajo la convicción del Espíritu Santo, en otras palabras, no intentaban escaparse de la líder de grupos celulares, sino huir de la presencia de Dios. Al final se dieron por vencidos cuando se dieron cuenta de que era imposible huir de Dios.

Los miembros tienen que ayudar a los inconversos para que asistan a la iglesia y tengan un encuentro con el Señor Jesucristo. El evangelismo es una orden divina y, a su vez, la responsabilidad y el deber de un santo. Debemos impedir, de todas maneras, que los recien convertidos vuelvan a ser arrojados en la corriente de este mundo.

Si permitimos que se alejen de nosotros es porque hay dos excepciones: número uno, porque van a congregarse a otra iglesia, y número dos, porque han fallecido.

Personalmente, es imposible atender a setecientos cincuenta mil miembros en forma individual. Pero, la atención personalizada se hace posible a través de los líderes de grupos celulares. Tengo la certeza de que mis miembros reciben un correcto discipulado, cuidado personal y alimento espiritual.

Los líderes de grupos celulares no dejan de lanzar las redes para pescar a muchas personas, y siempre están en la primera línea para luchar y transformar este mundo perdido.

El sistema celular en el mundo

Se ha comprobado que el sistema celular es eficaz en cualquier lugar del mundo. Todas las iglesias que han adoptado este programa, tanto a nivel nacional como internacional, han experimentado el mismo nivel de resultados fructíferos.

Luego de que las noticias del crecimiento de mi iglesia empezaron a recorrer por todo el orbe, recibí invitaciones de todas partes del mundo para dirigir conferencias y cruzadas. Muchas iglesias están disminuyendo en su membresía, y aún las iglesias que parecen mostrar estabilidad, han dejado de crecer.

En los comienzos de mi ministerio internacional recibí una invitación por parte de las Asambleas de Dios de Australia, para una conferencia de iglecrecimiento. Al llegar al aeropuerto, los dirigentes de la denominación me advertieron que no esperara mucha gente, porque los cristianos en Australia no acostumbraban a asistir a los cultos. Según ellos, los australianos, gracias a sus ricos recursos naturales, lograban el éxito material sin necesidad de esforzarse demasiado, y a raíz de esto se mantenían indiferentes para con Dios, y eran más apasionados por los placeres de este mundo.

Lo que vi en camino desde el aeropuerto no negaba esas palabras. Es más, parecía que los australianos tenían una calidad de vida superior en comparación a los estadounidenses. Y pude comprender la razón por la que los principios del crecimiento de mi iglesia no iban a resultar efectivos en esas tierras.

Desde el primer día comencé a hablar sobre el iglecrecimiento y la fe. En base a mis experiencias, expliqué la importancia de establecer metas claras y organizar el sistema celular.

– ¿Cómo podemos establecer metas claras de las que usted nos habla? En diez años, las Asambleas de Dios de Australia solo ha crecido un dos por ciento.

Pense:

– ¿Por qué no habra crecido más? Haber experimentado un crecimiento del dos por ciento en una década era como decir: "Hemos disminuído". Las iglesias en Australia no podían ni siquiera seguir la tasa de natalidad de su país y, como resultado, las iglesias cada vez eran más pequeñas si tenemos en cuenta la proporción de la problación.

– En caso de que ustedes no establezcan metas claras, ni implementen los principios de iglecrecimiento y el sistema celular, las Asambleas de Dios dejará de existir en Australia.

Pedí a todos los participantes que establezcan metas claras antes de la culminación de la conferencia, y enfaticé ejercer los principios de la fe, con énfasis en el sistema celular. Sentí un gran gozo al oír que la mayoría de los pastores habían acordado en implementar los grupos celulares.

Al cabo de tres años, las Asambleas de Dios de Australia crecieron un cien por cien, y ellos mismos están asombrados.

La estrategia tradicional apenas había logrado un crecimiento de dos por ciento en diez años, pero al implementar nuestro modelo se habían duplicado en tan solo tres años. Las Asambleas de Dios de Australia siguieron creciendo como el pasto en el campo.

La mayoría de los pastores y misioneros dicen que Japón está muerto. A decir verdad, los pastores japoneses están muy desanimados. En Japón, un pastor de una iglesia de treinta o cuarenta miembros es considerado una persona con gran influencia en la sociedad.

En mi primera conferencia de iglecrecimiento en ese país, enfaticé sobre la importancia de establecer metas claras. Y la reacción fue:

– Aquí es Japón, no es Corea. En Japón hay pocas iglesias que superan los cien miembros, y las megaiglesias cuentan con una membresía de quinientas personas.

En una palabra, no querían escucharme, y daban por hecho que en Japón era imposible. Me enojé y les dije que iba a mostrarles que también en Japón funcionaría. Poco tiempo después envié a un misionero, y le exhorté que implementara los principios de iglecrecimiento y el sistema celular.

– Pastor, quiero que alcance su objetivo en cinco años. Implemente todos los principios de iglecrecimiento que le he enseñado, y no vuelva a Corea hasta haberlo logrado.

Y cruzó el mar con el objetivo de alcanzar a doscientas personas en un año.

La primera tarea fue organizar los grupos celulares. Buscó a los más necesitados, y formó grupos pequeños. La mayoría de los pastores japoneses se rieron de él. A fines de ese año, fui invitado a dirigir una cruzada, y quedé impactado. El pastor había superado el objetivo, y reunido a doscientos cincuenta personas de nacionalidad japonesa y coreana.

Lo había enviado a Japón con una remuneración equivalente al sueldo de seis meses. Pero al cabo de doce meses, el misionero me estaba entregando una ofrenda de dos mil dólares para la construcción de la iglesia madre de Seúl. Esto ocurrió hace un par de décadas y gracias al trabajo de nuestros misioneros, el fuego del evangelismo sigue cayendo en ese país, y las iglesias siguen creciendo.

De esta forma, a través del sistema celular, puedo fundar una iglesia y hacerla crecer en cualquier lugar del planeta. El trabajo del pastor es satisfacer las necesidades de las personas, amarlas, cuidarlas, todo a través de los grupos celulares. Así como las células biológicas se reproducen, si los grupos celulares en los hogares se reproducen, el pastor tendrá una iglesia grande a corto plazo.

Principios de evangelización a través de los grupos celulares

1. Recuerde que el líder de grupos celulares es el misionero de zona.

2. Provea amor dentro del grupo celular.

3. Asegúrese que los integrantes del grupo celular sean ejemplos en sus lugares de trabajo.

4. Haga planes de evangelización, involucre a todo el grupo celular.

5. Sea sensible a las necesidades de los inconversos.

6. Cierre la puerta de atrás, lance redes de amor.

7. Cultive la visión de evangelismo global dentro del grupo celular.

Temas para pensar

- ¿Es usted consciente de que es un misionero en su ciudad?

- ¿Cómo planea evangelizar a los inconversos de su comunidad?

- ¿Tiene planes de evangelismo en su grupo celular?

SEGUNDA PARTE

Los grupos celulares y el iglecrecimiento

Cómo experimentar crecimiento diariamente

El iglecrecimiento es la voluntad de Dios. Siempre he dicho que la base del iglecrecimiento es: número uno, establecer metas claras; y número dos, implementar el sistema celular. Mi iglesia ha alcanzado e ido más allá de mis metas. A principios de 1980 la membresía de la Iglesia del Evangelio Completo de Yoido era de cien mil miembros. Mi meta era alcanzar los quinientos mil en el año 1984, porque en ese año celebrábamos un aniversario importante: el centenario de la llegada del evangelio a nuestro país. Superamos la meta.

Cuando la gente escuchó que mi desafío era reunir medio millón de miembros para 1984, algunos me preguntaron:

– ¿Acaso planea realizar una cruzada evangelística?

– ¿Está haciendo un plan de evangelización para toda la ciudad de Seúl?

No necesitaba ninguna de estas cosas, porque tenía otra fisolofía con relación al evangelismo. Mi propósito en el pasado era realizar una multitudinaria campaña evangelística, e iba a invitar a evangelistas de gran reputación, hasta que me di cuenta que el secreto del iglecrecimiento eran los grupos celulares.

Metas claras + Motivación = Crecimiento

Quiero que me acompañe: retrocedamos a junio de 1980. En ese tiempo el número de miembros de mi iglesia era de ciento veinte mil, y el número de grupos celulares era de ocho mil. Apenas seis meses antes mi meta era alcanzar treinta mil nuevos miembros, y en menos de seis meses ya habíamos alcanzado las dos terceras partes, o sea ciento veinte mil miembros. Entonces fijamos una nueva meta, y nos propusimos alcanzar ciento cincuenta mil. Motivé a todos los grupos celulares a alcanzar para el Señor una familia antes de fin de año.

Pero esto implicaba ganar a ocho mil familias nuevas. Si suponemos que una familia está compuesta aproximadamente por cuatro personas, esta meta implicaba alcanzar a treinta y dos mil personas solo en el segundo semestre del año.

Era un crecimiento fenomenal. No había anuncios ni obligaciones. Solo necesitaba motivar a los líderes de grupos celulares bajo el lema: "Una familia por cada grupo celular".

Todos los grupos celulares, sin excepción, eligieron a una familia inconversa y comenzaron a orar por su salvación. Esto hizo entender a la gente que la meta era simple y fácil de aplicar, incluso algunos lograron alcanzar a dos o tres familias. Este es un panorama de cómo llegamos a culminar el año 1980 con ciento cincuenta mil miembros, y diez mil grupos celulares.

Por supuesto, no todas las metas han sido alcanzadas. Sin embargo, con relación al iglecrecimiento, el hecho de establecer metas o no, es fundamental. Solo las iglesias con propósito pueden crecer.

En 1981 el objetivo se hizo más difícil: alcanzar cuatro familias por cada grupo celular. Esto implicaba alcanzar a ochocientos mil nuevos en el primer semestre, y otros ochocientos mil para el segundo. A fin de ese año la membresía total de nuestra iglesia sería de trescientos diez mil. Sin propaganda, sin anuncios en la televisión ni en la radio, solo con el trabajo celular, alcanzamos a formar una comunidad de quinientos mil miembros en 1984.

Mientras que los grupos celulares trabajen, el crecimiento no cesará dentro de la iglesia. Muchas iglesias crecen para llegar a un máximo de quinientos a mil miembros, pero no siguen creciendo, y mantienen el mismo número de membresía. Y los pastores piensan que no hay más almas perdidas, y pierden la pasión por ellas. Como consecuencia, la obra del Espíritu Santo no cobra vida con relación al crecimiento. En cambio, a través del sistema celular, todas las iglesias pueden crecer a pesar de las circunstancias.

Grupos celulares dependientes del Espíritu Santo

Voy a explicar la importancia de un grupo celular, con un ejemplo. Supongamos que el conflicto en el Medio Oriente empeore y las posibilidades de importacion de petróleo se acaben. Entonces se dificultará el uso de los automóviles. Obviamente, la gente que vive en zonas lejanas se limitará en la asistencia a la iglesia. No obstante, nuestra iglesia no tendrá problemas. En caso de que mis miembros no puedan acercarse a la iglesia, podrán asistir a la reunion de grupos celular, y seguir siendo ministrados como si estuvieran en la iglesia madre.

También existe la posibilidad de que se reúnan por distritos, y que el pastor de distrito vaya a predicar.

En caso de que la fluctuación de petróleo perdure por mucho tiempo, y los ómnibus dejen de circular, enviaré mis mensajes grabados en vídeo casetes para que los miembros puedan escuchar mi mensaje en los cultos de distrito.

En caso de guerra, lo primero que harán los comunistas será destruir las iglesias y matar a los pastores. Si la iglesia dependiese de mi persona, desaparecería al mismo instante de mi muerte. Pero, la red celular es imposible de ser destruida. Mientras los comunistas amenacen mi vida, todos los miembros se ocultarán en algún lugar subterráneo. Hay posibilidad de que los comunistas descubran y destruyan a centenares de grupos celulares, pero jamás podrán descubrir los cuarenta mil grupos celulares. La iglesia de

Jesucristo se mantendrá firme y seguirá expandiéndose en forma de iglesias subterráneas.

Las iglesias en China han crecido de esta manera. A fines de la década de 1960 preparé un programa de radio que cubriera toda China, lo que me ayudó a recopilar gran cantidad de material acerca de ese país. Actualmente en China existen pocas iglesias "legales", pero todas están bajo autoridad gubernamental del régimen comunista. Los pastores chinos no tienen libertad para predicar el evangelio en plenitud.

Allá las iglesias no existen en templos, puesto que en ese pais existen millares de iglesias familiares –también llamadas iglesias subterráneas– a lo largo y lo ancho del territorio. Las iglesias familiares de China son muy similares a nuestra iglesia.

Los miembros de las iglesias subterráneas no se exponen a sí mismos, lo que dificulta el encuentro. Pero cualquier persona puede tener contacto con ellos a través de un intermediario.

Por ejemplo, en la ciudad de Kwangdong existen miles y decenas de miles de iglesias familiares, y algunas de ellas están constituídas por más de quinientas personas.

Cuando estuve de visita en Hong Kong, lo primero que me pidieron los hermanos de aquel país fue una Biblia. También me pidieron audio casetes. Uno de los hermanos me preguntó:

El autor comparte un almuerzo tras una
reunion celular

– Pastor, ¿es cierto que hermanos de otras partes del mundo también son creyentes llenos de Espíritu y de gracia como nosotros?

En una palabra, la mayoría de las iglesias de China comenzó por obra del Espíritu Santo. Los chinos jamás tuvieron la oportunidad de encontrarse con un misionero y oír la predicación del evangelio, debido a que el gobierno ha suprimido el cristianismo de la vida de sus ciudadanos. Como consencuencia de esto, la mayoría de los convertidos son menores de treinta y cinco años de edad, y los líderes, en su mayoría, son mujeres. Mientras que los hombres temían a ser expuestos, las mujeres se pararon en la brecha.

Las iglesias de China no cuentan con una mega-iglesia madre, tampoco con una supervisión por parte de pastores profesionales, así como tampoco están involucrados en una denominación en particular. La vitalidad de las iglesias familiares se debe al evangelismo a través de los grupos celulares. Creo que este modelo es el camino que todas las iglesias deben seguir en los últimos días.

En tiempos de crisis económica, ¿cómo podrá una mega-iglesia seguir llevando a cabo su ministerio? Nuevamente, la respuesta es: el sistema celular.

Si una persona, integrante de un grupo celular, queda sin trabajo, igualmente sus necesidades serán suplidas gracias al apoyo de los hermanos de su grupo. El cuidado mutuo entre los miembros de los grupos celulares de nuestra iglesia supera la barrera de lo superficial; todos los grupos celulares están atentos para suplir las necesidades de un integrante de su grupo y, en caso necesario, también sacrificarse por él.

Los inconversos son atraídos cuando observan lo que sucede en un grupo celular. Cuando ven el amor con que se vive en el grupo celular, ven a Cristo, y entonces asisten a nuestras iglesias. Ellos obtienen y experimentan una gran variedad de cosas, lo cual hace que ninguno desee salir del grupo.

Como he mencionado anteriormente, el sistema celular no depende de una persona, sino de la persona del Espíritu Santo, quien motiva y anima a los líderes de grupos celulares. Por lo tanto, aunque deje mi lugar, la iglesia jamás tambaleará, porque los miembros no dependen de mí, sino del Espíritu Santo.

Ni la crisis económica, ni la falta de petróleo, ni la persecusión a la iglesia cristiana podrán destruir nuestra iglesia. Es más, la iglesia seguirá en crecimiento si tan solo mantiene los principios que le he enseñado.

Grupos celulares dentro del programa general de la iglesia

En el momento de su fundación nuestra iglesia era apenas una iglesia de carpa perteneciente a las Asambleas de Dios de Corea. Hoy llegó a ser la iglesia más grande del mundo. Pero lo importante es que llegamos a crecer dentro de un contexto llamado "Asambleas de Dios".

El tamaño, la fuerza y la influencia de nuestra iglesia no se encuentran en forma independiente de la Iglesia de Jesucristo, tampoco de nuestra denominación. Nuestra iglesia mantiene una perfecta comunión con otras iglesias alrededor del mundo. El denominador común es Jesucristo.

Los grupos celulares que han causado problemas en la historia, fueron entidades independientes de una iglesia local o denominación, y tienen origen en los movimientos carismáticos.

Un grupo de miembros que había recibido un nuevo bautismo, descubrieron que no eran aceptados dentro de sus respectivas iglesias, y decidieron reunirse en forma de grupos independientes.

Gradualmente, aquellos grupos independientes fueron oponiéndose a las iglesias locales, y desconocieron la autoridad de sus líderes. Los integrantes de esos grupos independientes comenzaron a obedecer a líderes de organizaciones privadas, y no a los pastores. Los grupos independientes sujetaron a muchos creyentes. En caso de que el líder no los autorizara, no podían tomar ninguna decisión. Por ejemplo, un miembro tenía que tener la autorización de su líder para contraer matrimonio, inclusive en la elección de su pareja, así como tampoco tenían libertad de visitar a sus padres.

Sin necesidad de agregar más comentarios, algunos de esos grupos independientes se han convertido en sectas heréticas.

Con esto no quiero decir que este es el curso que un grupo independiente suele tomar. Porque la mayoría de estos grupos decidieron quedarse en sus respectivas iglesias y someterse a la autoridad de la iglesia, y algunos de ellos han crecido y formado una hermosa iglesia carismática.

El sistema celular y nuestra iglesia ha crecido dentro de las Asambleas de Dios de Corea. Nuestro objetivo es la unidad. Cada tanto algunos me aconsejaron salir de las Asambleas de Dios y formar una iglesia independiente. Decían que debía tener más libertad en mi ministerio. Nunca llegué a pensar en ello, porque creo que la unidad de la iglesia es algo totalmente necesario.

Creo que debemos incrementar el nivel de unidad del cuerpo de Cristo y rechazar cualquier tipo de división dentro de la iglesia. Los grupos celulares tienen que permanecer dentro del programa general de la iglesia, y nunca ejercer su influencia fuera del perfil de la iglesia local.

Libertad del Espíritu Santo en los grupos celulares

Las iglesias sanas deben hacer discípulos a sus miembros y no a miembros de otras iglesias. El problema de algunos grupos independientes fue que hacían discípulos a miembros de otras iglesias. Y sus programas de discipulado eran una forma de robar ovejas. Esto es algo absolutamente inmoral.

El rol de un grupo celular debe ser evangelizar a los inconversos y no a los creyentes que ya asistan a una iglesia. La excepción es cuando se han mudado de ciudad y les resulta imposible asistir a su iglesia, o cuando su iglesia no es capaz de suplir todas las necesidades espirituales de aquella persona que desea involucrarse en un grupo celular.

Las iglesias locales son el poder del cristianismo, y los grupos celulares deben invertir esa fuerza en la vida de los inconversos. Por lo tanto, debemos combatir con todo lo que debilita la fuerza de las iglesias locales. Si las organizaciones misioneras fortalecen a la iglesia local, estas deben ser apoyadas. Pero si por el contrario, estas entidades debilitan a las iglesias locales, deben ser reprimidas y no apoyadas. La iglesia local es la entidad que conserva la fe y el cristianismo.

Las estructuras de nuestra iglesia son muy organizadas y sistemáticas, nunca cercenamos la libertad de nuestros miembros.

El problema de algunos grupos independientes es que han tratado de controlar la vida de sus miembros al extremo, lo que no es correcto.

Los líderes de grupos celulares están para supervisar el crecimiento espiritual de los integrantes de su grupo y motivarlos en la comunión y el evangelismo. Nunca deben intervenir en la intimidad de sus integrantes. Esa no es la tarea de la iglesia.

Un integrante del grupo celular debe aprender a depender del Espíritu Santo.

Exhorto a los miembros de mi iglesia que no traten a sus líderes como si dependieran totalmente de ellos, y a los líderes, que nunca intervengan en la intimidad de las personas de una forma incorrecta. El respeto y la responsabilidad de una persona nunca debe ser anulada, y cualquier intento de destrucción de estas particularidades debe ser considerado de Satanás. Dios no nos ha creado como títeres, sino como personas, y el grupo celular es el lugar correcto para profundizar nuestra relación con Dios.

Autoridad de amor y obediencia de amor

Si el pastor ama a los miembros de su iglesia, los miembros reaccionan de manera positiva ante la autoridad del pastor y a su enseñanza. En cambio, si el pastor usa la autoridad que Dios le ha otorgado para mantener una posicion alta dentro de la iglesia, o para su propio interés y beneficio, los miembros rechazarán de inmediato la actitud errónea de su pastor.

Los miembros de mi iglesia saben que los amo con todo mi corazón, y esto produce obediencia por parte de ellos. En caso de que cometa un error, lo confieso delante de toda la congregación, y les pido su oración. Si el pastor pudiera ser siempre tan franco y sincero, sus miembros lo respetarán más y obedecerán a sus palabras.

La autoridad del cristianismo debe estar fundamentada en la autoridad del trato de Dios con nosotros; es decir, debe estar basada en el amor.

Hoy algunos cristianos no admiten la autoridad espiritual del pastor de su iglesia, o de pastores en general. Esto es un error. El pastor es el administrador y la autoridad que Dios ha ungido para guiar a las ovejas. Sin embargo, antes de pedir a sus ovejas que lo sigan, el pastor primero debe mostrar el amor de Jesucristo.

En cierta ocasión aprendí una lección por parte de un miembro. Un anciano le dijo a otro anciano:

– No estoy de acuerdo con toda la política de la iglesia establecida por el pastor Cho; pero la sigo porque sé que el pastor Cho me ama. Él hace todo esto por el bienestar de nosotros.

Estaba agradecido, aunque me sentí un poco incómodo al saber que no estaba de acuerdo con mi política. Me acerqué a él, y le pregunté:

– Querido hermano, ¿está molesto por mi política?

– Sí, pastor. Cuando usted me designó como Director del Departamento, no me había consultado previamente, yo no sabía una palabra con relación a este asunto. Usted esperaba que yo aceptara la nueva posición, pero nunca me pidió ni preguntó qué pensaba yo.

El anciano tenía razon. Había pensado que él solo debía aceptar mi designación.

– Le pido perdón. Di por hecho su amor y obediencia, pero estuve equivocado.

– No, pastor. Yo estuve equivocado. Pido perdón por no haberle obedecido. Sé que usted me ha designado un nuevo puesto con gran consideración, pero no he podido obedecerle en amor.

No tardó en responder, y su confiabilidad hacia mi persona se incrementó. Además, esto hizo que aumentara mi respeto hacia él, y su sinceridad profundizó más nuestra relación.

El pastor ganará más respeto si admite sus fallas, porque la autoridad de amor da a luz la obediencia de amor.

Exportamos al exterior el sistema celular

Después de la primera invitación que recibí para predicar en las Asambleas de Dios en Springfield, Missouri, EE.UU., en 1964, he dado a conocer a pastores y creyentes de todo el mundo los principios de iglecrecimiento, con énfasis en el sistema celular. Dios fundó la iglesia más grande del mundo en Seúl, Corea del Sur, y comenzó a usar a mi persona para exportar el sistema celular al exterior.

Ese año fue cuando aún estando en pésimas condiciones de salud, había comenzado a salir a predicar a las naciones. Entre 1964 y 1973 visité Japón, Filipinas y Taiwan, un mínimo de tres veces, para hablar sobre los grupos celulares y el iglecrecimiento. El Espíritu Santo obró de una manera sobrenatural en los lugares donde presentaba mi enseñanza, y la iglesia mundial comenzó a prestar atención a mi persona. Mis principios de iglecrecimiento eran como un nuevo desafío para todas las iglesias del mundo.

Luego de que nos mudamos a la isla de Yoido en 1973, nuestra iglesia recibió todavía un mayor reconocimiento. El año 1973 fue cuando el evangelista Billy Graham realizó su Cruzada en Seúl, y también la Conferencia Mundial del Pentecostés. Y en el año siguiente, C.C.C. Internacional organizó una multitudinaria conferencia en la ciudad de Seúl. El hecho de habernos mudado a Yoido estaba en el plan de Dios.

Esta serie de eventos internacionales se realizaron en la ciudad de Seúl, y nuestra iglesia absorbía toda la enseñanza que se impartía. Además, proporcionábamos nuestro templo como centro de cada evento, y los extranjeros emperazon a considerar nuestra iglesia como la iglesia modelo de Corea. Al lado de nuestra iglesia había una plaza donde se realizaban multitudinarias cruzadas evangelísticas y, naturalmente, nuestra iglesia estaba ubicada en un lugar estratégico de mucha atracción.

Poco tiempo después comencé a recibir más invitaciones de los Estados Unidos, de Europa, de Australia y de Asia sudoriental.

A partir de 1973 me encontré en el exterior más de seis meses al año. Las invitaciones eran mayormente de los países europeos: Alemania, Francia, Suiza, Noruega, Dinamarca, Suecia, Inglaterra, Italia y Portugal. Seguí escribiendo más libros, los que fueron los más vendidos en Alemania, Suecia y Finlandia. Por medio de las conferencias y los libros fui más reconocido en Europa que en los Estados Unidos. Los secretos del iglecrecimiento eran expandidos a todo el mundo.

Una respuesta de oración de un millón de dólares

Era un día de 1976. Viajaba en un avión de Lufthansa, luego de haber dirigido una cruzada y un seminario en Alemania. Agradecido por la gran comunión que había tenido en aquel país, oraba y me gozaba de la íntima comunión con el Espíritu Santo.

Fue en esos momentos que recibí una palabra profética que me golpeó muy fuertemente. El Espíritu Santo habló a mi corazón con una voz suave:

– Quiero que construyas un centro de capacitación de iglecrecimiento, y puedas invitar a pastores de todo el mundo. Has estado trabajando excelentemente llevando los principios de iglecrecimiento, pero quiero que más pastores aprendan estos principios. La mejor manera de hacer esto es dejar que ellos vean con sus propios ojos lo que tú haces en Seúl. Construye el centro de capacitaciones. Haz que ellos vengan y vean lo que tu iglesia hace. Esa será la mejor estrategia para enseñarles y para motivarlos a que practiquen en sus iglesias lo que han visto.

Quedé impactado. No sabía qué decir.

– Señor, ¿pero cómo puedo lograrlo? Soy un hombre del tercer mundo. Los occidentales consideran nuestras tierras como campo misionero. Creo que será mejor construir el centro en los Estados Unidos o Europa.

No obstante, esta idea permaneció en mí. No podía calmar el fuego de la pasión que había sido encendido en mi corazón.

Apenas llegué a Corea, empecé a orar y a buscar la guía del Señor. Al final, decidí poner la blanca lana delante de Dios, y dije:

– Señor, si esto es de tí, te pido que me muestres una evidencia. Si recogemos en una sola vez, suficiente ofrenda para construir el centro de capacitación, entenderé que es tu señal de que es tu proposito llevar a cabo la obra.

Reuní a los ancianos y les expliqué el proyecto. Les comenté que iba a anunciar a toda la congregación en la reunión del domingo, que necesitábamos un millón de dólares para la construcción del centro. Como te imaginas, no es nada fácil para un pastor anunciar sobre una ofrenda especial. A decir verdad, estaba aterrorizado por si la gente no ofrendara.

– Padre Dios, si es tu voluntad, dame un millón de dólares. Si no llego a tener en mis manos ese dinero, voy a olvidarme de todo.

Llegó el día domingo. Luego de la predicación, expliqué sobre el proyecto de construcción del centro de capacitación, y les pedí que ofrendaran. Recogimos la ofrenda, y cuando el tesorero general se acercó para informar la suma total, quedé impactado: Era exactamente un millón de dólares.

En busca de colaboradores

De esta manera logramos construir el edificio de Iglecrecimiento Internacional (Church Growth International: CGI), al lado del templo central, y necesitaba formar una nueva organización para llevar a cabo este ministerio. Cuando comenzó a tomar forma, sentí una gran responsabilidad por ello, y me di cuenta que no podía yo solo, pues debía pastorear mi iglesia, y era imposible tomar el cargo de dos ministerios a una misma vez. Necesitaba a un colaborador.

Repentinamente se cruzó por mi mente el nombre de John Hurston, quien había ministrado conmigo en la iglesia de carpa hacía muchos años, y había cumplido un papel fundamental cuando construimos la iglesia de Seodaemun. Habíamos sido colegas durante diez años, hasta que fue enviado a Vietnam como misionero en 1969. John había fundado varias iglesias durante la época de guerra en aquel país sudoriental; pero se vio obligado a salir del país en 1975, cuando los comunistas tomaron el poder político.

Fui a Pasadena, California, para verlo. Pero cuando lo vi, se encontraba recuperándose de un problema del corazón. Hacía cinco años que no lo había visto, pero lo encontré con su salud muy debilitada.

– John, no te preocupes. Dios va a fortalecerte.

– Hermano Cho, haber ido a Vietnam fue una experiencia dolorosa para mí. Fundé iglesias durante seis años, y cuando tuve que salir del país, no hice más que llorar. No había otro camino.

– John, ¿tienes algún plan?

– Todavía no lo sé. El Departamento de Misiones de las Asambleas de Dios me pidio ir a Taiwan como líder de misiones, pero no lo veo atractivo.

Le expliqué sobre la vision de CGI, y cómo Dios había suplido las finanzas.

– Pastor John, necesito un director ejecutivo. Creo con todo mi corazón, que tú eres la persona indicada.

Se mostró atraído por mis palabras, y comenzamos a orar.

– Bien. Pienso que es lo que Dios quiere de mí.

– Yo también. Gracias, Dios.

– Pero si Dios quiere que tome ese cargo, primero tiene que sanarme el corazón.

El siguiente mes, mi suegra, la pastora Choi Ja sil, visitó Los Ángeles para dirigir una conferencia. Cuando las manos de la pastora Choi fueron impuestas en oración, John sintió literalmente la sanidad de su corazón. Poco tiempo después, el pastor John Hurston vino a Corea para unirse otra vez en un equipo conmigo.

La era del igrecrecimiento

Hubo un acontecimiento que afirmó que la construcción del edificio de CGI era el propósito de Dios. Necesitábamos una junta de consejos a nivel internacional, que aportarían información sobre cómo ofrecer a todos los pastores de todo el mundo algo más accesible y confortable.

Luego de haber inaugurado el edificio de CGI en noviembre de 1976, empecé a buscar miembros que conformarían la junta de consejos. En febrero del siguiente año logré reunir a veinticuatro pastores de iglesias en crecimiento en un hotel de North Hollywood. Poco imaginé que tantos iban a presentarse.

En la primera reunión expliqué sobre la visión de formar una organización, y extender los principios de iglecrecimiento a través de la misma. Enfaticé, de una forma muy especial, que era nuestra responsabilidad dar a conocer estos principios con las iglesias del tercer mundo. También les exhorté que ellos podían cumplir un papel fundamental en la evangelización global, a través del fortalecimiento y el crecimiento de las iglesias de esa área. Todos se mostraron muy entusiasmados por la visión.

Les expresé la necesidad que teníamos de elegir a un presidente. Todos coincidieron: dijeron que yo era la persona con visión de iglecrecimiento, y que ellos habían venido solo para oír mis palabras; en una palabra, que yo debía ser el presidente. Todos acordaron en trabajar conmigo en organizar reuniones de CGI, tanto en Corea como en los Estados Unidos y el resto del mundo.

Estaba convencido que CGI era lo que las iglesias necesitaban en el comienzo de la década de 1980. Podemos decir que el tema de la década de 1960 fue la sanidad, la de 1970, los movimientos carismáticos, y que 1980 sería la era del iglecrecimiento. Si la ministración de sanidad y los movimientos carismáticos no aportan al crecimiento de iglesias, son en vano, porque los dones del Espíritu Santo han sido dados para fortalecer el cuerpo de Cristo; es decir, mi propósito no era solo animarlos espiritualmente, había que incluir el crecimiento físico.

Si tenemos en cuenta que el futuro de la iglesia depende de nosotros, o al menos estamos involucrados en él, debemos tomar la responsabilidad que nos compete. El iglecrecimiento no es una moda. El Señor Jesucristo vino a dar luz a la iglesia, pero la iglesia ha dormido hasta el día de hoy. Ha llegado la hora de que la iglesia se despierte, y solo la que logre despertarse del sueño experimentará el crecimiento.

Grupos celulares: principio que supera barreras raciales

Los secretos de iglecrecimiento que experimentamos en Corea del Sur son aplicables en cualquier lugar del planeta. No hay razón por la que las iglesias que implementen el movimiento del Espíritu Santo y el sistema celular no crezcan. Soy consciente de que hay personas que sostienen que estos principios son aplicables solamente en Corea, y no en los Estados Unidos o Europa. Sin embargo, tengo la convicción de que estos principios han sido probados en Corea, y serán útiles también por la iglesia mundial, muy pronto.

Luego de cuarenta y cinco años de ministerio, actualmente, las iglesias del exterior que han adoptado el sistema celular de nuestra iglesia han crecido de una manera increíble. Esta es una prueba infalible. En el extranjero se lo conoce mayormente como "las células o grupos familiares", que es la raíz del sistema celular es nuestra iglesia. Estos principios son universales tanto en Seúl como en Seattle o Sydney, Londres o Tokio, Estocolmo o San Pablo.

Todos nosotros somos descendientes de Adán. Quizás tengamos distintas costumbres, pero todos somos de una raíz sanguínea. Todos somos pecadores que necesitamos de la redención de Jesucristo. Si la iglesia recibe el poder del Espíritu Santo, si el pastor predica con gran denuedo y los miembros comienzan a evangelizar a través de los grupos celulares, cualquier iglesia puede crecer rápidamente.

Estos principios funcionan en cualquier parte del mundo. Pensar negativamente puede ser una idea muy peligrosa, porque esto implicaría que Dios trabaja de una forma en un lugar y de otra forma en otro, y eso no puede ser verdad. El principio es el principio. Sin tan solo las iglesias aplicasen estos principios, experimentarían el mismo crecimiento que se ha visto en nuestra iglesia, porque el principio es uno.

Antes de adoptar la vision celular, las Asambleas de Dios de Australia habian crecido un dos por ciento en diez años. Luego de haberla adoptado, lograron duplicarse en tres años y, a raíz de esto, hoy, por ejemplo, existe una iglesia de decenas de miles de personas en ese país.

Había una Iglesia Luterana en Europa que contaba con una membresía de quince personas. El pastor participó en una de mis conferencias, e implementó el sistema celular. Solo en un año logró alcanzar a quinientos miembros. Sin lugar a dudas, esa iglesia recibió el poder del Espíritu Santo. Los grupos celulares han aceptado el desafio, y hoy han crecido como una iglesia carismática. Sobran los ejemplos de estas iglesias alrededor del mundo. La llave del iglecrecimiento es el avivamiento que trae el sistema celular a través del movimiento del Espiritu Santo.

Siete funciones de un grupo celular en cuanto al iglecrecimiento

1. Establezca metas claras en cuanto al iglecrecimiento.

2. Asegúrese que los grupos celulares sean dependientes del Espíritu Santo.

3. Asegúrese que los grupos celulares permanezcan dentro de la comunidad de la iglesia.

4. Recuerde que su misión es salvar las almas perdidas.

5. Haga que la autoridad y la obediencia de amor sean el lenguaje de su iglesia.

6. Haga que los grupos celulares cuenten con la libertad del Espíritu Santo.

7. Haga que los grupos celulares experimenten respuestas de oración.

Temas para pensar

- ¿Por qué cree que la oración ferviente es importante?

- ¿Por qué cree que la fe en el poder del Espíritu Santo es importante, y cómo ocurre?

- Cuente a un amigo las derrotas y los triunfos que ha experimentado.

 Los grupos celulares y
el liderazgo del pastor

4

*Los grupos celulares y
el liderazgo del pastor*

*El Espíritu Santo,
mi mejor mentor*

En cualquier grupo, sea religioso o secular, el líder es aquel que siempre está en una posición importante. Una decisión del líder puede vivificar o destruir al grupo. Lo mismo ocurre en la iglesia. La decisión del pastor afecta el desarrollo y el crecimiento de la iglesia. Si en algo podemos diferenciarnos del líder secular, es que el líder de la iglesia tiene al Espíritu Santo como su mentor. El líder de éxito es aquel que constantemente dialoga con el Espíritu Santo.

Del pastor depende la motivación que él pueda imponer en sus miembros, los principios del sistema celular, y lograr de esta forma el avivamiento y el iglecrecimiento. El rol de los líderes laicos es motivar a los integrantes de grupos celulares para que apoyen al pastor y trabajen en equipo de acuerdo con la visión.

El pastor es el líder más importante

Existe una sola manera de alcanzar el éxito a través del trabajo celular, y es usando los grupos celulares como el mejor canal de evangelización. Y el pastor es el líder más importante en esa tarea, pues sin el pastor, la organización no puede avanzar, porque los grupos celulares son parte de una gran organización, y la misma necesita de una supervisión. De modo que el supervisor de los grupos celulares debe ser el pastor.

Depende del pastor motivar a sus miembros para que a través del sistema celular logren multiplicarse. Y el rol de los líderes de grupos celulares es apoyar al pastor, y hacer que los integrantes de esos grupos sean partícipes en la misión.

Sé que en muchas iglesias se ha intentado implementar el sistema celular sin la participación activa del pastor, pero sus líderes se encontraron fuera de la dimensión del éxito. Un pastor estadounidense se maravilló del sistema celular, en una de mis conferencias. Su problema era que había encargado toda la tarea a su copastor. El copastor reestructuró, reorganizó a toda la iglesia, e implementó el sistema celular. A los dos años toda la iglesia quedó estancada. El número de membresía había disminuído drásticamente, y los miembros no estaban motivados en el evangelismo.

Esto se debe a que los miembros tomaron el sistema celular como un programa adicional. Es decir, no vieron que los grupos celulares eran la llave del evangelismo y el avivamiento. Todos los programas de esa iglesia apuntaban un solo objetivo: el crecimiento. Pero los grupos celulares eran considerados un programa más.

El pastor no participó en forma activa. Esto causó que los miembros consideraran que los grupos celulares no tenían mucha importancia.

Si usted quiere tener éxito con el sistema celular, tiene que aprender a valorar los grupos celulares y tomarlos como algo vital. El líder debe tener seguridad y convicción de que el sistema va a funcionar. Es decir, antes de que esto funcione debe haber una labor infraestructural.

Una de esas labores es delegar el liderazgo y la autoridad a otros. El pastor debe capacitar a líderes de grupos celulares, para que ellos alcancen la meta de abrir un grupo. El ministerio puede ser delegado al copastor, pero el liderazgo nunca debe ser delegado, sino que debe ser algo propio del pastor general. El pastor debe mantener una relación activa con todos los líderes de grupos celulares.

Siempre digo que si el pastor desea tener éxito en el ministerio celular, debe desatar todo el esfuerzo en los grupos celulares. El fruto se ve cuando hay una genuina concentración de fuerza y pasión. De lo contrario, el sistema celular no es más que un decorativo.

Si los miembros saben que el pastor no apoya a los grupos celulares, va a llegar a una de estas tres conclusiones:

El grupo celular se estancará y dejará de avanzar. Los grupos celulares tendrán como objetivo la comunión, y nunca experimentarán ni el crecimiento espiritual ni el evangelismo. En fin, es muy probable que esta clase de grupos celulares desaparezca en medio del camino.

El grupo celular se tornará formal, y quedará bajo la influencia de las particularidades de los que conforman el grupo. Como consecuencia, el grupo perderá el significado de su existencia, y causará daño a la iglesia.

En caso de que el grupo celular no sea supervisado, se convertirá como un tumor canceroso dentro de la comunidad de la iglesia.

Muchas iglesias que han adoptado el sistema celular han fracasado, porque sus pastores no fueron el centro de la organización, y los miembros se consideraron inútiles. Los líderes de grupos celulares necesitan sentir que están en la primera fila de combate de la iglesia. Solo así podrán sentir motivación y responsabilidad. En caso de que el pastor se muestre indiferente, los líderes no se sentirán motivados a realizar alguna tarea.

Cinco fundamentos para abrir grupos celulares

Hay algunos fundamentos que el pastor debe conocer antes de abrir un grupo celular. El primero es el más importante de todos. Se necesita un buen comienzo para seguir formando la cadena del fruto. Ninguna condición debe ser subestimada. Estos fundamentos son el cristal de lo que he experimentado en mi ministerio.

1) Comience en pequeño

El pastor no debe comenzar con una numerosa organización, sino con un grupo pequeño. Les recomiendo elegir a doce laicos, y capacitarlos hasta formar doce lideres de grupos celulares. Luego motivarlos a que abran sus propios grupos celulares, y observarlos por un período de seis a ocho meses. Cuando los grupos celulares comiencen a dar fruto, este será un momento oportuno para que toda la congregación participe activamente en el trabajo celular. Toda organización grande tiene sus comienzos en lo pequeño.

2) Elija líderes fieles

Elegir los líderes correctos es fundamental en el trabajo celular, puesto que el éxito y el fracaso dependen de ellos.

El primer deber del pastor es buscar a laicos llenos del Espíritu Santo. En caso de que estos no sean llenos del Espíritu, hay posibilidad de que vayan en contra de la obra de la tercera persona de la trinidad. Entonces, ¿cuáles son los criterios de un lider fiel? Quiero presentarle cinco pautas:

Pasión. Los recién convertidos también pueden ser excelentes líderes de grupos celulares, pues guardan el fuego del primer amor, y esto es muy contagioso.

Testimonio. Los miembros que posean un testimonio de una fuerte experiencia con Dios, son el testimonio vivo. Personas de buen testimonio son los líderes que pueden demostrar una vivencia espiritual, y poseen el poder para atraer gente.

Compromiso. Una persona comprometida es la que participa activamente en las actividades de la iglesia, diezma y trabaja para la unidad del cuerpo. La persona crítica no deseará someterse bajo el liderazgo del pastor.

Llenura del Espíritu Santo. La dependencia del Espíritu Santo es algo fundamental para liderar un grupo celular. Debemos verificar si el líder ha recibido el don de hablar en lenguas como

45 años de esperanza, el milagro de los grupos celulares

evidencia del bautismo del Espíritu Santo, y si tiene un buen carácter, así como también si es lo suficientemente ágil para lograr que la gente se convierta, y orar por las necesidades del grupo, puesto que esto es fundamental para ministrar sanidad tanto espiritual como física.

Tiempo y dinero. Hay un refrán que dice: "Si quieres terminar el trabajo, entrégaselo a alguien ocupado". Pero esto no concuerda con el liderazgo espiritual. Esto se debe a que la persona ocupada no tiene suficiente tiempo para oír la voz del Espíritu Santo. El mejor candidato para liderar grupos celulares es la persona que no tiene necesidad de salir a trabajar, porque pueden invertir mucho tiempo en la oración y el estudio bíblico. También personas que no estén al borde de una necesidad económica pueden ser buenos candidatos. Por supuesto, con esto no quiero decir que los pobres no sean aptos para el liderazgo celular.

Si cumplen con estos requisitos, creo que toda persona puede llegar a ser un gran líder. Por ejemplo, el pobre que se comprometa a servir al Señor no siempre será pobre. Siempre enseño que si una persona se compromete a servir a Dios, el Todopoderoso suplirá todas sus necesidades, y así dejará la pobreza.

3) <u>Entrénelos en el campo ministerial</u>

Todos los candidatos a líderes de grupos celulares deben capacitarse en el seminario de líderes laicos. El líder debe aprender a transmitir las enseñanzas del pastor de una forma correcta. Las enseñanzas del líder deben estar en concordancia con el programa general de capacitación de la iglesia. Por ejemplo, es aconsejable que el líder estudie y predique el mensaje el domingo. Por supuesto, debe brindar una explicación extra sobre los puntos clave del sermón.

En mi caso, todos los líderes reciben una guía de estudio todos los domingos. Al comienzo enfrentamos algunos inconvenientes, por causa de la falta de una guía de capacitación. Eso me llevó a repartir estas guias, y el caos desapareció.

En nuestra iglesia los líderes pueden recortar el bosquejo de la guía de estudio del periódico semanal de la iglesia. Ademas tienen la oportunidad de aprender todos los días miércoles. La capacitación es fundamental para el liderazgo celular.

Las reuniones de grupos celulares cumplen otras funciones como la alabanza, la oración, la ofrenda, el arrepentimiento, la intercesión y la oración. Todos los líderes deben aprender adicionalmente a dirigir el culto.

4) Deje que se ministren los unos a otros

Los integrantes de un grupo celular deben conocer los temas de oración, orar los unos por los otros y motivarse con palabras de esperanza. En una reunión de grupo celular, alguien confesó haber recibido una sanidad en su cuerpo mientras una hermana oraba por ella, lo que comprueba que lo que sucedía en la iglesia también acontecía en los grupos celulares.

El servir y orar los unos por los otros no solamente fortalece el lazo de amistad entre los integrantes, sino también nos hace entender que el grupo celular es una comunidad de amor como la iglesia primitiva. El lazo de amor es lo que distingue a un grupo celular, pues sin eso el grupo cae en el pozo de la división, el celo, la envidia y la competencia perjudicial.

5) Motívelos hacia la evangelización

Motive a los líderes a salir en busca de amigos y familiares inconversos, y que los inviten a las reuniones celulares. Los líderes sienten una grata sensación cuando hablan de Jesucristo a un inconverso. La mayoría de los inconversos experimentan un encuentro con Jesucristo en las reuniones celulares, y le entregan sus vidas. Esto es una causa fundamental por la que nuestra iglesia ha crecido rápidamente.

La evangelización es como el vaso sanguíneo del grupo celular que constantemente brinda vida a la iglesia. La evangelización es el ministerio más importante de un grupo celular.

Después de seis a ocho meses de haber abierto el primer grupo celular, el sistema celular debe ser extendido a toda la congregación. Para ese tiempo, la congregación habrá aprendido

45 años de esperanza, el milagro de los grupos celulares

sobre la función de los grupos celulares, y cómo han logrado el crecimiento. Es en ese momento que el pastor debe reunir a toda la congregación y explicar sobre el trabajo celular, y pedir la activa participación de todos los miembros.

Una buena forma de motivarlos es que un grupo celular modelo pase al frente para dar algunos testimonios de cómo Dios ha obrado a través de esas reuniones.

El pastor debe saber cómo lograr la participación por parte de todos sus miembros, debe estar consciente que no todos estarán de acuerdo con el nuevo sistema celular; no debe tambalearse, sino seguir adelante hasta ver crecer a su iglesia. El pastor es el encargado de lograr la mayor participación posible, sea cual fuere la actividad.

El sistema celular, una estrategia comprobada

Una iglesia en los Estados Unidos había implementado el sistema celular, pero no había adoptado nuestro modelo. El pastor creía que esto no funcionaría en su iglesia. Sin embargo, decidió organizar a sus miembros en grupos celulares, y los reunía una vez cada cuatro semanas.

Sus propósitos eran diferentes, pero siguió un principio del modelo de nuestra iglesia. Él mismo supervisó los grupos celulares y designó a siete pastores para que experimentaran cómo dirigir grupos celulares. No obstante, no creía que era necesario dividir los grupos celulares geográficamente, pues los grupos tenían libertad en ese aspecto.

Algo sorprendente pasó en la iglesia. Los miembros empezaron a amar tanto a las reuniones celulares que crecieron rápidamente, y vieron la necesidad de reunirse con más frecuencia. Todo lo que había comenzado como una simple comunión entre los miembros, se tornó en una reunión de oración y estudio bíblico.

Un pastor de California tenía una iglesia en crecimiento. Pero se mantenía ocupado, trataba de convencer a la gente de que no faltara a las reuniones de los domingos. Al final, dividió a la iglesia en cuatro grupos. Un grupo comenzó a reunirse en los hogares en forma de grupos celulares, y los tres restantes en los cultos de los domingos. Cada grupo tenía su reunión en los hogares una vez por mes, mientras que la otra parte de la congregación se reunía en el templo. Y a la quinta semana se reunían todos los grupos en un culto especial de alabanza y adoración.

Y el pastor supervisaba a los grupos estrictamente; entrenó al liderazgo, entrevistó a los miembros y dirigía los estudios bíblicos.

También repartía el bosquejo y el audio casete de sus enseñanzas. Los grupos se reunían no solo una vez por mes, sino comenzaron a reunirse más frecuentemente para hacer trabajos sociales.

De esta manera, dos pastores descubrieron cómo implementar los grupos celulares exitosamente, sin necesidad de luchar con la gente. Los creyentes estadounidenses tienden a no permanecer mucho tiempo en la iglesia, pero los pastores han descubierto que a través del sistema celular puede cambiar la imagen de una iglesia tradicional en una iglesia joven y fresca, y así elevar el numero de la membresía.

En nuestra iglesia los grupos celulares no se reúnen con el propósito de intercambiar información. El ejemplo de la iglesia estadounidense puede ser un buen modelo para experimentar un crecimiento como el nuestro, pero se necesita un mayor grado de entrenamiento. Los grupos celulares sin visión de la evangelización no aportarán al crecimiento de la iglesia, sino que se limitarán a suplir únicamente sus propias necesidades.

Cuando nos mudamos a la isla de Yoido, ocho mil personas decidieron quedarse en Seodaemun, y los diez mil restantes vinieron a formar parte de nuestra nueva iglesia. Un pastor tomó el cargo de pastor general de la iglesia de Seodaemun. Pero no implementó el sistema celular. Los miembros siguieron reuniéndose en grupos pequeños, pero el pastor no los consideró como el canal hacia la evangelización. Al cabo de unos años su membresía disminuyó significativamente, y muchos de los miembros vinieron a nuestra nueva iglesia.

No creo que la forma de pastorear tradicional pueda suplir todas las necesidades de miles y decenas de miles de personas.

Creo, con todo mi corazón, que los grupos celulares son el único camino para suplir todas las necesidades de la gente.

La clave es la comunión con el Espíritu Santo

Tanto el pastor como los líderes de grupos celulares deben recibir y permanecer en la llenura del Espíritu Santo. Los líderes deben superar la dimensión de la llenura y la guía del Espíritu Santo, y llegar al nivel de una íntima comunión con la tercera persona de la trinidad.

Es vital que el pastor, al que se lo puede comparar con el capitán de un barco, experimente un íntimo y profundo acercamiento con el Espíritu Santo, porque sino será imposible navegar junto a sus líderes, y ayudarlos a que ellos también crezcan en comunión con el Espíritu Santo.

Todos mis secretos ministeriales están fundamentados en la comunión con el Espíritu Santo. Esto es lo más importante en el ministerio. Sin la unción del Espíritu Santo, no importa cuánto tiempo invierta en preparar un mensaje, pues no habrá fruto, y un mensaje sin fruto es predicado en vano.

Muchas personas desconocen el significado de la comunión con el Espíritu Santo; piensan que es recibir su bautismo o simplemente experimentar su poder. Esto no es comunión, sino simplemente conocer quién es el Espíritu Santo.

Yo también en algún momento viví con este pensamiento. Pensaba que necesitaba un título académico para poder llegar a ganar el reconocimiento nacional como uno de los mejores predicadores del país. Me había convertido, había recibido el bautismo del Espíritu Santo y también hablaba en lenguas. Y pensé: "Esto es todo lo que necesito".

Mas Dios cambió mi actitud y mi forma de pensar; me enseñó que el Espíritu Santo era alguien más que un simple poder, me enseñó que era una persona, y una persona que anhelaba morar en mí. Por ejemplo, vivir con una persona implica algo más que simplemente tener comunión con ella, puesto que esto significa conocer las cosas más íntimas de la otra persona.

Antes de descubrir esta verdad, mi ministerio fue bastante desequilibrado. Después de predicar un buen mensaje, me sentía realizado. Pero al mismo tiempo me parecía que todo mi ministerio tambaleaba. Me sentía muy angustiado cuando veia que nadie se ponía de pie para recibir a Jesucristo. Fue en ese momento que clame a Dios:

– Dios, ¿por qué no me ayudas? Necesito predicar bien.

Era una mañana de un frío invierno de 1960, cuando me encontraba orando a solas en el templo. Y el Espíritu Santo habló a mi espíritu diciendo:

– Hijo, si logras tener comunion con mi Espíritu Santo, tu ministerio prosperará con gran poder.

– Padre Dios, he recibido el Espíritu Santo, he sido salvo, he recibido el bautismo del Espíritu Santo, ¿que más necesito?

– Tienes razón. Tienes al Espíritu Santo de una forma legal; pero no tienes comunión con el Espíritu Santo. Si has contraído matrimonio con una mujer, legalmente hablando, ella es tu esposa y nunca dejará de serlo. Pero si no tienes comunión con ella, es como si la trataras como una cosa y no como a una persona.

Estas palabras marcaron el comienzo de una nueva etapa en mi ministerio. Empecé a tener comunión con el Espíritu Santo. Antes de haber recibido la revelación, descubrí que mi relación con el Espíritu Santo era similar a las palabras que describe Juan en su primera carta: *"Lo que hemos visto y oído, eso os anunciamos, para que también vosotros tengais comunión con nosotros; y nuestra comunión verdaderamente es con el Padre, y con su Hijo Jesucristo"* (1:3).

Descubrí que, como la gran mayoría de los cristianos, tenía comunión con el Dios Padre y el Dios Hijo. Oraba al Dios Padre y a su Hijo Jesucristo. Adoraba al Padre y al Hijo. Hablaba sobre el Dios Padre y el Dios Hijo, pero casi nunca sobre el Dios Espíritu Santo.

Al estudiar la Biblia me di cuenta que no solamente había una demanda para tener comunión con el Dios Padre y el Dios Hijo, Jesucristo, sino que también ordenaba tener comunión con el Espíritu Santo (ver 2 Corintios 13:13). El Dios Padre obró en el

Antiguo Testamento y envió a su Hijo unigénito a esta Tierra, y este fue crucificado, resucitó, ascendió a los cielos y ahora se encuentra en el trono a la diestra del Padre. Antes de ascender al cielo, Jesucristo prometió que enviaría al Consolador, el Espíritu Santo.

El Espíritu Santo es mi socio mayor, yo su socio menor

Vivimos en la era del Espíritu Santo. El Padre obra a través del Espíritu Santo, y Jesucristo es quien ejecuta el amor y la gracia de Dios. En el idioma griego la palabra comunión es *koinonia*, que tiene varios significados: comunión, cooperación, distribución, etc. El amor de Dios y la gracia de Jesucristo no cambian nunca; se encuentran en el reino de los cielos.

Entonces, ¿cómo podemos nosotros que vivimos en la Tierra alcanzar el amor y la gracia de Dios? La respueta es simple: a través de la comunión con el Espíritu Santo. Por más que conozcamos muchas teorías teológicas sobre el amor de Dios y la gracia de Jesucristo, si no contamos con una genuina comunión con el Espíritu Santo, las mismas no tendrán ningún valor.

Usted puede tener toda la teología del mundo, pero eso será como guardarlo en el *freezer* de la iglesia.

A través del mensaje usted puede presentar las mejores enseñanzas teológicas, pero si no tiene comunión con el Espíritu Santo, estas serán una simple teoría, porque el predicador estaría predicando sin haber experimentado el amor de Dios y la gracia de Jesucristo. Esto es un problema grave de la iglesia actual.

Contamos con edificios lujosos, con coros profesionales y pastores con un alto nivel de educación... y con miembros que se mueren de hambre. Los pastores presentan toda clase de conocimientos, pero la gente sigue sedienta. El mejor mensaje es aquel que el Espíritu Santo predica en forma directa.

La palabra *koinonia* significa también "cooperación". En el mundo del mercado, cooperar implica que un socio trae el capital, mientras que el otro se ocupa de lo técnico, y así forman una sociedad. Nosotros estamos involucrados en la sociedad del Rey. El Espíritu Santo se encarga de las finanzas, el amor de Dios y la gracia de Jesucristo, mientras que nosotros brindamos la participación física.

El Espíritu Santo demanda de nosotros nuestra colaboración para establecer el reino de Dios aquí en la Tierra. El Espíritu Santo es el socio mayor, nosotros su socio menor. Lo más triste de este tiempo es que el hombre, el socio menor, se resiste a la soberanía del Espíritu Santo, su socio mayor. Por tal razón el Espíritu Santo abandona el edificio de nuestra sociedad junto con sus socios menores.

Si queremos tener éxito en los negocios del Rey, debemos cooperar con el Espíritu Santo, lo que requiere una profunda comunión con el Consolador. En comunión, solemos decir al Padre: "Padre, te amamos, te reconocemos, te alabamos". Lo mismo con Jesucristo: "Jesús, te amamos, te alabamos". ¿Pero qué decimos cuando vamos a la presencia del Espíritu Santo? Generalmente, nos mantenemos callados.

Reunion apertura del curso de escuela de
capacitacion de lideres de grupos celulares

La Biblia nos ordena tener comunión con el Espíritu Santo. Esto implica comunión, cooperación y distribución. Si no tenemos comunion con el Espiritu Santo, es muy dificil llegar a tener una profunda y eficaz comunión con el Dios Padre y el Dios Hijo.

Yo siempre reconozco, doy la bienvenida, y acepto al Espíritu Santo, porque Él es una persona. Antes de subir al púlpito siempre confieso:

– Espíritu Santo, te doy la bienvenida te reconozco, te amo, confieso que dependo de tí. Espíritu Santo, vamos a predicar la palabra. Manifiesta la gloria de Dios a tu gente.

En el instante que comienzo a presentar la palabra, digo nuevamente en mi corazón:

– Espíritu Santo, comencemos. Dame el mensaje de sabiduría, de ciencia y de discernimiento, y yo lo predicaré.

Luego de haber predicado el mensaje, oro otra vez:

– Espíritu Santo, hemos hecho un buen trabajo, ¿no es así? Alabo a Dios. A tí sea toda la gloria.

Después de haber iniciado este tipo de comunión con el Espíritu Santo, nunca dejé de sentir la unción de Dios en mi vida y en mi ministerio, y los milagros de sanidad y salvación nunca dejaron de manifestarse. Por tanto, siempre trato de subirme en la ola del Espíritu Santo.

Primero Dios, segundo la familia

Quiero explicar la importancia de la comunión con el Espíritu Santo basado en una experiencia en mi vida cotidiana. Cuando me casé, el único anhelo que guardaba en mi corazón era ser un evangelista famoso. Mi sueño era ser el Billy Graham de Corea. Deseaba con todo mi corazón ser un pastor con la mirada puesta solo en Dios.

Cuando contraje matrimonio, traje a mi esposa a mi casa para vivir con ella. Pero nuestra comunión no perduró mucho tiempo, pues al cabo de una semana ya me encontraba viajando por todo el interior del país predicando la Palabra. Solo regresaba a casa los fines de semana, y el único regalo que le daba a mi querida esposa era una maleta lleno de ropa sucia. Esto duró durante seis meses, y mi sueño seguía siendo ser un evangelista famoso.

Hasta cierto punto, mi esposa se mostró muy amable conmigo. Cuando regresaba a casa los fines de semana luego de una cruzada de varios días, mi esposa corría hasta la puerta para recibirme con cariño. Ella me amaba, y me preparaba los mejores manjares. El problema surgió cuando mi esposa se dio cuenta que no había un cambio de actitud de mi parte, y comenzó a caer en un pozo de depresión. Varias veces la vi con lágrimas en sus ojos, y supe que algo estaba mal.

En ese tiempo mi esposa era bastante tímida, y nunca señalaba las cosas que había que corregir. Entonces trataba de consolarla contando bromas, pero eso no funcionaba.

Un día recibí la visita de mi suegra.

– Hermano Cho, ¿gustas vivir con mi hija?

– Sí, por supuesto.

Mi suegra siguió:

– Hermano Cho, quiero decirte que si sigues tratando a mi hija de esa forma, vas a perderla.

– ¿Por qué? ¿Cuál es el problema? Hago todo lo posible para tratarla bien. Tiene casa, comida, ropa, ¿qué más le hace falta?

Mi suegra me miró fijamente a los ojos y dijo:

– Todavía no has entendido. Tu esposa no es una cosa, sino una persona. Y una persona no solo necesita apartamento, comida, ropa y dinero, sino que también necesita amor, cariño y comunión.

Me quedé meditando en esas palabras. Pero me consolaba a mí mismo diciendo: "Sí, pero es que esto se debe al gran ritmo de trabajo que tengo, y todo esto lo hago para la gloria de Dios. ¿Por qué mi esposa anhela tanto amor y afecto?"

Y mi esposa siguió cayendo en el pozo de la depresión.

Busqué la presencia de Dios, y empecé a orar:

– Señor, tengo que elegir entre el ministerio y mi esposa. Tu gloria y tu ministerio es más importante que mi esposa. Si tengo que elegir entre los dos, debo abandonar a mi esposa, porque para mí el ministerio es lo más importante. ¡Dios! O mi esposa cambia o vivo solo por el resto de mi vida para tu gloria.

El Espíritu Santo me habló en un tono suave:

– No, no, no. El orden de tu prioridad está mal. Hasta el momento tú has puesto: primero, Dios; segundo, la iglesia; tercero, tú; y cuarto, tu esposa. Pero esto es un gran error. Has hecho bien en poner a Dios en primer lugar, pero el resto tiene que ser modificado. El segundo lugar tiene que ser tú mismo, y el tercero, tu esposa. Y cuando tengas hijos, ellos ocuparán el cuarto lugar, y después la iglesia.

Estas palabras me espantaron, y no pude más que ponerme a meditar en ellas. Pensé que no era la voz del Espíritu Santo, porque era algo inaceptable según la mentalidad oriental.

– No, esto no es de Estados Unidos, sino mío. Primero, Dios; y segundo, tú mismo, porque necesitas vivir una vida de santidad para cumplir mi mandato. Y luego tiene que seguir tu esposa. En caso de que pierdas a tu esposa o te divorcies, nadie inclinará el oído a tus palabras. Puedes llegar a construir una iglesia grande, pero si pierdes a tu familia, perderás el ministerio. Es más importante intimar con tu esposa que construir la iglesia, porque toda la iglesia dependerá de tu familia.

Decidí obedecer las palabras del Espíritu Santo. Inmediatamente, cancelé gran parte de mis compromisos, y prometí a mi esposa que desocuparía todos los días lunes especialmente para dedicarlos a ella. Dije a mi esposa que estaba dispuesto a hacer todo lo que ella pidiese. La acompañaba a hacer compras, a ir al parque, a cenar... después de todo, no estaba tan mal.

Y empecé a decirle todas las mañanas.

– Cariño, te amo, eres tan hermosa, eres tan linda, soy el esposo más feliz del mundo.

El milagro no tardó en manifestarse. La depresión y el gesto de tristeza desaparecieron por completo, y comenzó a sonreír, a reír, a decir bromas y a estar alegre, así como tampoco no se olvidaba de preparar los manjares más deliciosos. La comunión se fue profundizando hasta formar un hogar feliz. Orábamos y planificábamos juntos.

Descubrí la clave. Solo necesitaba tener comunión con la familia para establecer un hogar feliz. Especialmente, la relación con el cónyuge es muy importante, pues el cónyuge no es una cosa, sino una persona y un colega.

Conviva con el Espíritu Santo como con su cónyuge

La comunión que un matrimonio tiene es similar a la comunión que nosotros debemos tener con el Espíritu Santo. Es cierto que el Espíritu Santo está con nosotros. Sin embargo, si solo mencionamos su nombre cuando bendecimos a la gente o cuando nos involucramos en una discusión teológica, el Espíritu Santo se contrista. En caso de que esto suceda, el Espíritu Santo dejará de participar en su ministerio, y por causa de esto el ministerio quedará seco; por más que los predicadores prediquen con palabras retóricas, no habrá fruto. Esto se debe a que el ministerio es del Espíritu Santo, de lo contrario, es carnal.

De ahí en adelante comencé a cultivar una nueva clase de relación con el Espíritu Santo. Descubrí que el Espíritu Santo no había venido para ocupar un rincón en la iglesia, sino para participar en ella. El Padre está sentado en el trono y Jesucristo está a su diestra, pero el Espíritu Santo está en nosotros para cooperar con nosotros en los negocios del Rey.

Considero al Espíritu Santo como la persona más importante de mi vida. Alabo al Espíritu Santo, y confieso mi amor por Él.

– ¡Espíritu Santo! Te amo. Espíritu Santo, ayúdame a orar al Padre y a Jesucristo, acompáñame en la lectura bíblica.

Primero, inicio mi comunión con el Espíritu Santo. Luego adoro al Padre y a Jesucristo junto a Él. Hoy cuento con una intimidad muy especial en la comunión con el Espíritu Santo, y soy muy sensible a su voz. Sé cuando el Espíritu Santo habla de sanidad, o de construir un edificio. Indiscutiblemente, el Espíritu Santo es una persona.

En la primera hora de cada mañana, procuro tener un tiempo de comunión con el Espíritu Santo. Y por más que tenga una montaña de compromisos, nunca dejo de rendirle una hora.

– Espíritu Santo, quiero que dirijas esta reunión. Lee conmigo la Escritura.

Me siento a leer la Biblia junto al Espíritu Santo, y alabo y adoro a Dios y a Jesucristo. Amo al Espíritu Santo, lo alabo, y siempre emprendemos las cosas juntamente. El Espíritu Santo es mi todo en todo.

En la iglesia primitiva, en el momento de convocar el concilio en la ciudad de Jerusalén, los apóstoles mantenían este nivel de comunión con el Espíritu Santo. Habían sido invitados por el problema de la circuncisión, y escribieron una carta que decía: *"Porque ha parecido bien al Espíritu Santo, y a nosotros, no imponeros ninguna carga más que estas cosas necesarias"* (Hechos 15:28).

En una palabra, los apóstoles dijeron que la decisión del concilio había sido tomada por ellos y por el Espíritu Santo.

¿Podremos anunciar nosotros algo semejante en nuestras iglesias, en nuestras denominaciones? ¿Podremos escribir en nuestro libro de actas: "Hemos decidido junto al Espíritu Santo"? No acostumbramos a hacerlo, porque consideramos al Espíritu Santo como un simple supervisor de la iglesia y del ministerio. Esto es un error.

El Espíritu Santo es nuestro socio mayor. Él es el presidente de la junta de ancianos. El Espíritu Santo es el pastor general de la iglesia, y nosotros sus colaboradores.

La oración junto con el Espíritu Santo, clave del avivamiento

Oro mucho en lenguas, porque ese es el lenguaje propio del Espíritu Santo. Cuando oro en lenguas, soy consciente de que el Espíritu Santo está conmigo. En mi caso, el sesenta por ciento de mi oración es en lenguas. Oro en lenguas antes de ir a la cama y después de despertarme. Oro en lenguas cuando leo la Biblia y en mi tiempo devocional. Pienso que si hubiese perdido el don de hablar en lenguas, solo hubiera logrado la mitad de mis emprendimientos. Cuando oro en lenguas, puedo sentir la presencia del Espíritu Santo.

Cuando aprendí a hablar el idioma inglés, trataba de hablar en inglés el mayor tiempo posible. Pensaba en inglés y escribía mis mensajes en inglés, hasta hablaba conmigo mismo en inglés, porque quería aprender a hablarlo bien lo más pronto posible.

No fue fácil; pero luego de un tiempo de entrenamiento, alcancé a expresarme con facilidad. Usé el mismo método para con el idioma japonés y el alemán. Hablaba, escribía, pensaba, leía la Biblia en japonés, pensando en las decenas de millones de japoneses, a tal punto que un día soñé que estaba hablando en japonés. Mientras me mantenía despierto, toda mi mente estaba llena de japonés. De esta manera logré superar la barrera del inglés y del japonés.

Lo mismo ocurrió con el don de hablar en lenguas. Si hablas en lenguas durante todo el día, no podrás permacer inconsciente de la presencia del Espíritu Santo. Por tanto, orar en lenguas ayuda a mantener una comunión permanente con el Espíritu Santo. Esta clase de comunión es nada menos que llevar una vida de oración. Dios quiere que seamos hombres de oración. Esto se debe a que Dios trabaja y toma decisiones de acuerdo a nuestras oraciones. La oración constante produce el milagro.

Debemos mantenernos llenos de oración durante todo el día. La oración es el aliento espiritual. Si dejamos de orar, nuestra vida espiritual se secará. Dios quiere que tengamos una íntima relación con Él a través del Espíritu Santo.

Nuestra iglesia es una iglesia de oración. Nuestra iglesia es una iglesia que tiene comunión con el Espíritu Santo. En nuestra iglesia tenemos reuniones de vigilias todas las noches. En ningún momento la llama de oración está apagada. La oración es un elemento indispensable en un grupo celular. La oración es la clave del crecimiento de la iglesia y del avivamiento en el grupo celular.

Descubra el poder que hay en el ayuno

La Iglesia del Evangelio Completo de Yoido enfatiza mucho la oración. También enseño sobre la importancia de la oración.

Muchos de nuestros líderes de grupos celulares pasan el día orando y ayunando por la conversión de un vecino o de un familiar. En el caso de las amas de casa, ayunan mientras realizan los quehaceres diarios. Establecen períodos de oracion de tres días, y muchos miembros participan de estos programas. En caso de que necesiten superar un problema serio, les aconsejo que ayunen por siete días, y si es un problema donde la vida de una persona corre peligro, quince a veintiún días. Mientras que algunas personas, aunque muy pocas, ayunan durante cuarenta días, siguiendo el ejemplo de Jesús en el desierto.

En un período de oración y ayuno, siempre debe haber un objetivo. Es decir, no debe ayunar por simplemente ayunar. Yo enseño que no terminen de ayunar hasta que hayan recibido una respuesta clara de parte de Dios. En el caso de nuestra iglesia, un noventa por ciento de las respuestas claras de oración han sido a través del ayuno.

La gran mayoría de nuestros miembros aparta un tiempo en forma periódica para ir a la montaña de oración. El sesenta por ciento de ellos van a dicha montaña para recibir el bautismo del Espíritu Santo y el don de hablar en lenguas. Nuestros miembros experimentan grandes milagros a través del ayuno; sanidad de enfermedades como el cáncer, un tumor, la tuberculosis, la artrosis, enfermedad en los riñones, del corazón, etc. Y el resto van a orar por sus negocios, por el país, y por el avivamiento de la iglesia.

Dios responde nuestras oraciones. El noventa por ciento de la gente que aparta un tiempo para ir a la montaña a orar recibe respuestas a sus oraciones. Dios siempre quiere brindarnos respuestas a nuestras oraciones; sin embargo, muchas veces el problema está en nuestra actitud errónea. Si comenzamos nuestra oración pidiendo la voluntad de Dios, seguramente obtendremos la respuesta esperada.

La oración y el ayuno son el elemento clave para tener comunión con el Espíritu Santo. Todo pastor y todo creyente debe desarrollar este tipo de relación y vida de oración, puesto que esta es la actitud espiritual más importante que da a luz el avivamiento en los grupos celulares y en las iglesias.

Actitudes que debe tomar el pastor para establecer un sistema celular de éxito

1. Tenga convicción y visión del sistema celular.

2. Supervise los grupos celulares.

3. Comience con lo pequeño.

4. Elija y capacite a los líderes de grupos celulares.

5. Deje que se ministren unos a otros.

6. Motive a los grupos celulares hacia la evangelización.

7. Busque la unción del Espíritu Santo y desarrolle la comunión con Él.

Temas para pensar

- ¿Supervisa usted los grupos celulares en su iglesia?

- ¿Qué planes de entrenamiento tiene para formar futuros líderes de grupos celulares?

- ¿Tienes una íntima comunión con el Espíritu Santo?

Los grupos celulares y el liderazgo del pastor

Cómo motivar a los laicos

Los grupos celulares necesitan de una constante motivación, en especial con relación a la unción del Espíritu Santo. Un buen líder laico necesita alimentarse de una sana y constante motivación.

Un bebe tiene dos necesidades básicas: alimento y toque de amor. Por más que los padres suplan el alimento necesario para un crecimiento sano, sin ese toque de amor, no podrá crecer saludablemente.

Psicológicamente hablando, aún los adultos tienen hambre de aquellos contactos físicos como el beso y el abrazo. Para formar un hogar feliz, el esposo y la esposa deben mantener un contacto permanente. Los amigos también necesitan mantener ese contacto como el abrazo, el apretón de manos, y esto nos hace sentir con vida.

Asimismo, el pastor y los laicos deben trabajar en equipo supliendo el liderazgo para los grupos celulares. Los pastores solos no pueden realizar todo el trabajo de evangelización que se requiere para el crecimiento de iglesia. Por tanto, el pastor debe formar líderes y motivarlos a realizar esa tarea. La motivación es el toque que el pastor brinda al hombre interior de los líderes laicos, para que sean motivados a hacer la obra de Dios.

Una vez estuve en una iglesia que había implementado el sistema celular, pero toda la congregación estaba tambaleando en medio de un caos.

La razón de este problema se debía a que el pastor general había encomendado la supervisión de los grupos celulares a otra persona, mientras que él se mostraba indiferente a todo esto. Cuando me preguntó cual era el problema, no tardé en percibir su causa, y dije:

– Usted sabe que el sistema celular es lo que va a dar vida y crecimiento a la iglesia. Usted ha delegado toda la tarea a un copastor, y usted se ha mantenido indiferente. Esto hizo que sus miembros pensaran que no estaba interesado en los grupos celulares, y los líderes no se sintieron motivados a realizar la tarea.

– Ya veo cuál es mi problema.

En mi caso, yo nunca he delegado el liderazgo a mis copastores. Constantemente motivo a los líderes en forma personal a través de los seminarios, y les enseño cuán importantes son ellos para el ministerio.

Uno de los fracasos se debe a la falta de la activa participación del pastor general de la iglesia. En una organización donde se carezca de la presencia del pastor general, los miembros jamás serán motivados.

Seminario para lideres de grupos celulares

Si el pastor constantemente participa de los grupos celulares, los guía, los capacita y los motiva, los laicos se sentirán sumamente entusiasmados, y esto producirá el iglecrecimiento. Si queremos motivar el hombre interior de una persona, primero debemos contactarnos con el carácter de esa persona.

1) <u>Aceptar</u>

En nuestra iglesia realizamos periódicamente una reunión de reconocimiento al esfuerzo de los líderes, y les entregamos un diploma de honor. Por ejemplo, en el caso de los maestros ejemplares de la escuela dominical o de un líder modelo, le obsequiamos un regalo junto con un diploma de honor. Todos saben que es una simple hoja de papel; a pesar de eso sienten que son aceptados al recibir este diploma que lleva mi firma. Esto ha producido una gran motivación.

En nuestra iglesia realizamos dos eventos para líderes de grupos celulares, de tres días cada uno, donde todos los líderes de grupos celulares se reúnen en un lugar y reciben mis enseñanzas. A través de esas conferencias, descubren cuán importantes son para la iglesia, y esto es enormemente eficaz, porque a través de estos eventos ellos reciben una fresca motivación.

Lo mismo ocurre en la familia. El esposo y la esposa deben demostrarse constantemente que son aceptados el uno por el otro. Especialmente, uno de los mejores regalos que un esposo o una esposa le puede dar a su conyuge son las palabras de motivación, y esto produce un mayor grado de respeto mutuo.

De vez en cuando suelo jugar al golf con hombres de negocios de mi iglesia. Ellos sacrifican mucho tiempo, esfuerzo, finanzas y liderazgo para la iglesia. Nos damos un apretón de manos, nos reímos y almozarmos juntos. Por supuesto, hay momentos cuando tiro la pelota al agua, pero nos reímos, y pasamos un maravilloso tiempo de comunión. Esta es una de mis formas para motivarlos. Ellos reciben una gran motivación, porque saben la relación que tienen conmigo. Nunca pensarán en apartarse de mi iglesia, porque sienten una aceptación especial de mi parte.

En mi caso, me encuentro constantemente motivando a los líderes y demostrándoles que son aceptados. La motivación que los líderes reciben en los seminarios es muy particular, y descubren que son muy especiales para mí. Yo amo a mis líderes, y esto produce en ellos una importante motivación.

2) Felicitar

No debemos cansarnos de buscar y felicitar tanto la gran virtud como los grandes y pequeños logros de una persona. La acción de felicitar es como encender una llama de fuego en el corazón de una persona. Si el esposo no sabe felicitar a la esposa por la excelencia de su cocina, es muy probable que no vuelva a probar algo exquisito. Si la esposa no sabe felicitar al esposo por los arreglos de la casa, él no volverá a sentirse motivado para realizar alguna reparación.

Todo ser humano nace con el hambre de recibir palabras de felicitaciones. Si los pastores desean ser verdaderos líderes de sus miembros, deberán aprender a agasajar los logros de su gente. Un pastor que no lo haga con sus miembros, jamás podrá tener autoridad para dirigirlos.

El autor entrega un diploma de honor a un lider
de grupo celular

Lo mismo ocurre con los niños. No podemos obligarlos a que estudien con azotes, sino quen tenemos que motivarlos a que logren buenas calificaciones. Los maestros deben felicitar a sus alumnos para que ellos sigan entusiasmados con el estudio.

La forma más sobresaliente de motivar a una persona no es a través de las correcciones, sino a través de las felicitaciones. A medida que una persona reciba congratulaciones, será animada también a corregir sus errores. La acción de felicitar a los miembros es una de las mejores formas de motivarlos.

Si alguien logra algo, le doy un suave golpe en la espalda como señal de aceptación, y lo felicito con algunas palabras:

– ¿Cómo has logrado semejante cosa? Es fantástico.

Las palabras de felicitación son el aceite y el fuego que produce pasión en el corazón de las personas.

3) <u>Amar</u>

Otra forma de motivar a la gente es a través del amor. El amor se percibe a través de los gestos, del tono de voz y de nuestras acciones. Cuando camino hacia el púlpito para predicar la Palabra de Dios, siento en mi corazón un amor brillante por parte de mis miembros. Mis miembros me aman y, por lo tanto, reciben una constante motivación a través de mis palabras, y yo nunca dejo de brindarles lo mejor. Tengo un gran respeto y amor por ellos, siempre los recuerdo y los ministro.

Realmente amo a mis miembros. El amor se hace sentir. Siento que mis miembros me aman, y ellos también sienten una luz de amor, es decir, ese anhelo de guardarlos para que todo les salga bien. El amor no es visible, pero se siente y se manifiesta a través de la obediencia.

Palabra, unción y motivación

Uno de los elementos más importantes de un pastor es el mensaje, es decir, la Palabra de Dios. El mensaje está ligado al crecimiento de la iglesia. Si la palabra no es ungida, ese mensaje es apenas una presentación de teorías. El mensaje debe ser una palabra divina que despierte a los creyentes.

El pastor debe ofrecer el alimento espiritual a través de la Palabra, y los líderes de grupos celulares podrán desarrollar más ampliamente los temas que han sido mencionados, y hablarlos con los integrantes de su grupo celular. En nuestra iglesia, el mensaje que se predica en las reuniones celulares concuerda con el mensaje de los domingos. Esto produce un sentimiento de unidad y comunidad.

Para establecer una iglesia en crecimiento en base al sistema celular, se necesita una palabra ungida, que solo se alcanza cuando hay una profunda comunión con el Espíritu Santo. Siempre anhelo la presencia del Espíritu Santo en mi vida diaria para que el mensaje sea ungido e inspirado, y supla las necesidades de la gente.

Preparo los mensajes en comunidad con el Espíritu Santo, y siento una genuina unción cuando predico la Palabra. Hay una gran diferencia entre predicar con la unción y predicar sin la unción del Espíritu Santo.

Por ejemplo, en los mensajes expositivos se necesita una mayor unción, porque nadie querrá oír una explicación doctrinal de un versículo bíblico. Pero si subo al púlpito junto con el Espíritu Santo, la gente recibe de Dios porque escucha el mensaje directamente del Espíritu Santo. Exponer una enseñanza bíblica tendrá autoridad y poder solo cuando la misma esté ungida por el Espíritu Santo.

Tengo un objetivo claro en mis prédicas. Nunca predico por predicar. Mi objetivo de cada sermón es que la gente tenga un encuentro personal con Jesucristo. Si se trata de un inconverso, mi intención es brindarles una oportunidad de arrepentimiento, y en caso de los creyentes, que puedan conocer a Jesucristo de una manera más profunda.

El otro objetivo es ayudar a mis miembros a lograr el éxito en sus vidas. Ellos triunfan en los negocios, cuando logran la victoria en lo personal y alcanzan el éxito, porque primero triunfan en las relaciones personales. El éxito del pastor es el éxito de los miembros. Por lo tanto, mi éxito personal debe ocupar el segundo lugar en la lista de prioridades, porque los miembros necesitan alcanzar el éxito primero para que luego ese éxito sobreabunde en el pastor.

El tercer objetivo de mis mensajes es ayudar a mis miembros a que puedan servir a Dios y a los hombres cada vez más y mejor. El encuentro con Jesucristo y el éxito en la vida personal es lo que atrae la energía física y espiritual, así como las finanzas.

El poder y el éxito que nosotros hayamos encontrado en nuestra relación con Jesucristo lo debemos usar para servir a Dios y a los hombres. Las finanzas de nuestra iglesia sobreabundan para llevar a cabo la obra misionera, no solo a nivel nacional, sino también a nivel internacional, en los países como Japón, Estados Unidos y también en Europa. No obstante, esto no siempre fue así, puesto que al principio muchos de nuestros miembros eran personas de una clase social baja. Si ellos no hubiesen tenido éxito en sus vidas, hoy no estaríamos realizando los grandes proyectos de evangelización.

En todos mis mensajes presento a Jesucristo de una forma personal, motivo a los miembros que tengan éxito en sus vidas, y procuro hacer servir a Dios y a los hombres. Estos son los tres principios que he aprendido a través de mi experiencia.

Fe en el Dios bueno

La actitud más importante que un pastor debe tomar al predicar una palabra ungida, es la fe en el Dios bueno. Esta es la teología más importante.

Yo fui budista hasta los diecinueve años de edad. Cada vez que visitaba el templo, temía ver la imagen de Buda, y pedía a Buda que no me castigara. La raíz de mi relación con el budismo era el temor, y estaba basado en el formalismo y la responsabilidad. Mi religiosidad había nacido a raíz del temor, no del amor.

Cuando me convertí a Jesucristo, Jesucristo no solo salvó mi espíritu, sino que también me sanó de la tuberculosis. Cuando recibí el bautismo del Espíritu Santo, sentí que el río del amor de Dios corría en mi corazón. La experiencia más extraordinaria como cristiano fue descubrir el amor y la bondad de Dios.

Dios fue bueno conmigo, y todavía lo sigue siendo. Cuando conocí a Dios por primera vez, era muy pobre. Me vi obligado a dejar la escuela secundaria, y padecía de una tuberculosis terminal. No tenía futuro. Pero comencé a leer la Biblia en mi nueva relación con Jesucristo, para formarme como un hombre de fe. Dios me guardó en cada situacion difícil, y me dio salud, riqueza, conocimiento, victoria, más todo lo que necesitaba. Todo lo que poseo ahora ha venido de Dios.

Alabo a Dios porque se que Él es un Dios bueno y amoroso. Me entristece descubrir que hay personas que tienen dificultad de relacionarse con Dios, porque tienen un concepto erróneo acerca de la persona de Dios; piensan que Dios es un Dios de ira y de venganza.

Hace unas décadas, cuando estaba de visita en Alemania para dirigir una cruzada, una hermana se me acercó para pedir oración por ella y su esposo. Me decía que guardaba temor hacia Dios desde que sus padres habían perdido la vida en un bombardeo durante de Segunda Guerra Mundial. Su esposo padecia de melancolía nerviosa, y temía perderlo al igual que a sus padres.

Repentinamente, comencé a hablar sobre el Dios bueno, cómo Dios ha creado el universo, y cómo le ha parecido tan bueno.

Enfaticé que Dios envió a su Hijo Jesucristo para redimir al hombre del pecado y deshacer la enfermedad del hombre, y que ese mismo Dios era nuestro Padre.

– Cambie su concepto de Dios. Comience a contemplar al Dios bueno. Confiese que lo ama, que Él es bueno, que anhela ser feliz en Él.

– Pero nadie me ha enseñado así, pastor. Usted es el primero.

– No se sorprenda, pero usted debe cambiar su concepto de Dios.

La guié en una oración, y le pedí que repitiera mis palabras.

– Dios es un Dios bueno. Dios es mi buen Padre. Dios anhela brindar lo mejor a sus hijos. Dios es un Dios bueno.

Repentinamente, se sintió libre de todo yugo, y empezó a reír. Después de poco tiempo, su esposo quedó libre de la depresión.

Las ataduras son rotas cuando predicamos sobre el Dios bueno. La opresión viene del enemigo. Satanás intenta cautivar a la gente en la opresión del temor y la depresión. La fe en el Dios bueno da vida.

La aflicción de la redención

La Biblia nos enseña que debemos ser afligidos con Cristo Jesús. Pero esta exhortación tiene validez cuando está relacionada con la redención. Pablo dice en 2 Corintios: *"Porque ya conoceis la gracia de nuestro Señor Jesucristo, que por amor a vosotros se hizo pobre, siendo rico, para que vosotros con su pobreza fueseis enriquecidos"* (8:9). Jesús fue pobre, y fue afligido por la pobreza para que nosotros fuésemos enriquecidos. Claro está que la riqueza referida aquí, no solo implica la riqueza material.

¿Fue Jesucristo afligido a causa del pecado o de alguna enfermedad? ¿Fue Jesucristo afligido a causa de la opresión de Satanás? De ninguna manera. Jesucristo nunca ha sido afligido por esto.

La Biblia nos enseña que debemos ser afligidos con Jesucristo, pero esto no implica aflicción por causa del pecado, de la enfermedad, de la maldición y de Satanás mismo. Entonces, ¿por qué motivo fue Jesucristo afligido? Por motivo del evangelio y la persecución. Por tanto, no debemos permitir ninguna aflicción con excepción a la persecución. En caso de que la aflicción no produzca el fruto de la redención, será en vano.

Cuando construíamos el nuevo templo en Yoido, me di por vencido en todo, pues había ofrendado a Dios mi casa, y no tenía ni siquiera un centavo en mis manos. Pero, increíblemente, mientras más vaciaba mi bolsillo, más lo llenaba Dios. Era como revivir las Escrituras.

La Biblia nos enseña: *"Dad, y se os dará; medida buena, apretada, remecida y rebosando en vuestra regazo; porque con la misma medida con que medís, os volverán a medir"* (Lucas 6:38).

Si una persona vendiera su casa y abandonara las comodidades de la ciudad para ir de misionero en las selvas de Papua Nueva

Guinea, la aflicción que él reciba será por causa de la redención. Sufrirá por la falta de comodidades de la sociedad moderna; sin embargo, la causa de su aflicción será el evangelio. Este tipo de aflicciones deben ser consideradas como un plan divino que otorgará a la persona otra clase de gozo y abundancia.

El fundamento: la sangre de Jesucristo

El fundamento de mis mensajes y mi fe es la sangre de Jesucristo, porque sin ella es imposible que ocurra el milagro de la redención. Sin redención, no hay razón por la que tengamos que seguir viviendo en fe.

Jesucristo derramó su sangre en cuatro sitios. Primero, en el monte de Getsemaní. El sudor que cayó como grandes gotas de sangre tiene un significado muy especial para los redimidos. Jesucristo oró de la siguiente manera: *"Padre, no se haga mi voluntad, sino la tuya"*. El primer Adán persistió en su voluntad, y desobedeció a Dios. Pero el último Adán, Jesucristo, entregó su vida en obediencia para redimir el pecado de la humanidad. Jesucristo entregó a Dios la voluntad de la humanidad, y la redimió como el sumo sacerdote. El Espíritu Santo nos ayuda a obedecer la voluntad de Dios, porque la sangre de Jesucristo nos habla aún en el día de hoy, la que nos redime de la desobediencia heredada del primer Adán.

Segundo, cuando fue puesta la corona de espinas. Las espinas penetraron en el cuero cabelludo de Jesús, repentinamente la sangre comenzó a derramarse por su rostro. ¿Qué significa esto? Esto simboliza la maldición. Cuando Adán y Eva pecaron contra Dios, las Escrituras nos cuentan que la tierra iba a producir espinas y cardos. Asimismo la espina es simbolo de maldición. Y al ser puesta sobre la cabeza de Jesús, derramó su sangre para redimir el pecado de toda maldición.

En el mundo actual, muchos creyentes viven en medio de espinas del odio, del temor y del sentimiento de inferioridad. Pero la sangre de la corona de Cristo habla en contra de la maldición, porque su sangre nos ha redimido de toda clase de maldición.

Tercero, cuando Jesús fue golpeado con azotes antes de ir a la cruz. Los soldados romanos quitaron la ropa de Jesús, y empezaron a dar fuertes latigazos, y Jesús derramó su sangre cuando lo torturaron golpeando su espalda. Esto simboliza la sanidad. La Biblia nos afirma: *"Por sus llagas hemos sido curados"* (Isaías 53:5). Por tanto, nunca debemos ignorar esto cuando ministramos, porque esa sangre nos habla hasta el día de hoy.

Cuarto, en la cruz del Calvario, cuando los romanos le clavaron la lanza en su costado. Esa sangre y esa agua nos ha redimido de la muerte y del pecado. Sin derramiento de sangre no hay remisión. Sin la sangre de Jesús, nosotros no podemos reprender a Satanás ni predicar la palabra. Pero si construímos el edificio de nuestros mensajes sobre el fundamento de la sangre de Jesucristo, tendremos derecho a proclamar la victoria sobre el enemigo. Mis miembros no temen a nada ni a nadie, porque les predico sobre el fundamento de la sangre de Jesucristo, y les ayudo a construir el edificio de la fe.

Construya en la fe los principios de éxito

Mis miembros vuelven a sus casas o a sus lugares de trabajo con fe, y no con miradas hacia las circunstancias. La Biblia nos exhorta: *"Porque el justo por fe vivirá"*, *"andad en fe"*. Si no ayudamos a nuestros miembros a construir el edificio de la fe, ellos jamás podrán proclamar la victoria, porque no la habrán obtenido. Si el pastor no les otorga una fe firme, Satanás destruirá la poca fe de ellos. Pero si nuestra fe es construída sobre la roca, Jesucristo, Satanás no podrá resistir.

Yo sugiero a mis miembros que construyan un fundamento de una vida de éxito.

Esto es un principio bíblico que aparece desde Génesis hasta Apocalipsis. Si alguien anhela el éxito en sus negocios, deberá aprender a aplicar la ley de la siembra y la cosecha. La Biblia nos dice: *"Dad, y se os dará; medida buena, apretada, remecida y rebosando daran en vuestro regazo; porque con la misma medida con que medís, os volverán a medir"* (Lucas 6:38).

¿Cómo podemos establecer un hogar feliz? ¿Usted asiste a la iglesia los domingos junto con su familia? ¿Cómo podemos alcanzar el éxito en los negocios? Debemos aplicar las leyes de la fe que aparecen en Hebreos capítulo 11. La fe es la certeza de lo que se espera, la convicción de lo que no se ve.

Es por esta razón que continuamente enseño a mis miembros estos principios de éxito, y les exhorto a aplicarlos en sus vidas diarias.

Cambie el púlpito por un centro de consultas

Un mensaje siempre debe satisfacer las necesidades de la gente a través de la consejería. Los creyentes siempre asisten a los cultos con una gran necesidad, pero si el pastor solo predicara sobre asuntos teológicos, históricos y políticos, el mensaje no influirá positivamente en la vida cotidiana de los miembros. Por esta razón, en mi caso, he cambiado el púlpito en un centro de consultas.

Un día, cuando regresaba de un viaje a los Estados Unidos, hice escala en Japón para participar en un culto de una iglesia japonesa. Note que el pastor hablaba un vocabulario muy complicado. Hay algunos pastores que piensan que necesitan usar términos difíciles para elevar el nivel de su ministerio. No entienden que sus miembros alcanzan a comprender solo el cincuenta por ciento de sus charlas. En caso de que sus miembros le digan que no han entendido el sermon, el pastor puede sentirse bien, y pensar que su mensaje es profundo. No obstante, si usted le pregunta sobre el contenido del sermón, la mayoría de la gente respondería: "No sé bien de qué habló".

El pastor de la iglesia que había visitado era un líder religioso de nivel nacional en su país. Pero yo solo deseaba que el culto terminase lo más pronto posible. Él no era capaz de suplir las necesidades tanto mías como las de su gente, solo explicaba sobre la política internacional, y usaba términos no entendibles.

Esta es una de las razones por las que los japoneses no sienten atracción alguna con relación a la iglesia cristiana, porque no entienden la razón por la que deban ir a un lugar donde sus necesidades y sus anhelos no son suplidos.

Siempre he tratado de centrar mis mensajes en satisfacer las necesidades de mis miembros.

En cierta ocasión prediqué un mensaje que lo había titulado: "Cómo superar la crisis económica", porque sabía que una de las angustias más grandes de la gente era su emprendimiento en los negocios, su falta de recursos económicos, y una crisis que no parecía tener fin. La gente asiste a la iglesia, y en caso de que no haya lugar, se sientan en los pasillos y escuchan mis mensajes con atención, porque saben que a traves de mis enseñanzas van a recibir una solución clara en cuanto a sus problemas.

Otro punto muy importante que tengo en cuenta en mis sermones es relacionarlo con el tiempo en que vivimos. Hoy los jóvenes se apartan de la iglesia o asisten a otras iglesias, porque saben que ni los mensajes ni los programas tienen relación con sus vidas. Es decir, con tan solo notar algo heterogéneo, no dudan en irse a otros lugares.

Usualmente la gente califica un sermón de acuerdo a sus intereses. Quieren saber si el mensaje puede brindarles algún beneficio o suplir alguna necesidad, y se preguntan: "¿Qué beneficio tengo?" Aunque no haya sistema de aire acondicionado y calefacción, la gente llegará a las iglesias si sabe que el mensaje del pastor satisface sus necesidades y les brinda una solución clara a sus problemas.

La gente va a la bolsa de valores aún en días de lluvia, y observa atentamente la pantalla donde aparecen los últimos cambios de precios. No se molestan por el mal clima, porque ponen más atención en cuánto dinero pueden ganar o perder. Los creyentes no están interesados en el arte de la elocuencia, sino en solucionar sus problemas.

Predique sobre la fe, la esperanza y el amor

Un buen mensaje nunca se relaciona con la condenación tanto teológica como ética, pues esto no es el objetivo de un sermón. El púlpito no existe para llevar palabras de crítica, sino existe para exaltar a los santos y guiarlos hacia el camino de la justicia. La ley de Moisés fue dada para condenación, pero la gracia de Jesucristo fue dada para redención. El peor mensaje, pero el más facil de predicar a la vez, es condenar a la gente.

Podemos condenar a la gente predicando sobre los Diez Mandamientos. Pero los pastores deben predicar sobre la fe, la esperanza y el amor, y exaltar a los santos. Los creyentes quieren saber cómo llegar a ser un cristiano de éxito, un padre de éxito, una madre de éxito, un esposo de éxito, una esposa de éxito por medio de Jesucristo.

Esta es mi filosofía, y creo que este es el núcleo de las enseñanzas de la Biblia. Yo también hago mención del pecado, pero nunca condeno a la gente, sino lo presento de una manera constructiva.

– ¿Todavía vive en pecado? Salga de ese pecado por la sangre de Jesucristo. Jesucristo es la respuesta. Jesucristo es el mismo ayer, hoy y por los siglos de los siglos, y Él lo ama.

El hecho de que un predicador condene a la gente implica que está subestimando la sangre de Jesucristo. Por eso yo predico sobre la fe, la esperanza y el amor. Sé que mis mensajes satisfacen las necesidades de la gente, y que hace elevar su nivel de fe.

Esta es mi vida y mi teoría con relación a la homilética. Y ha sido comprobado ser sumamente exitoso no solo en Corea, sino en el resto del mundo. No tengo problemas para predicar una hora, dos o tres horas. Todos están atentos a mis palabras. ¿A qué se debe? Se debe a que yo voy directamente a sus necesidades, y predico sobre la fe, la esperanza y el amor. Y presento a los santos delante de Dios. La gente escucha mis mensajes porque guardan expectativa de obtener algo beneficioso para sus vidas. Cuando les predico, guardan silencio y escuchan con atención. El pastor que predique bajo la unción del Espíritu Santo y sepa aceptar a la gente, logrará motivarla espiritualmente.

Principios para motivar a los laicos

1. Acéptelos.
2. Felicítelos.
2. Ámelos.
4. Ore por la unción de la palabra.
4. Predique sobre el Dios bueno y la redención de Cristo.
5. Satisfaga las necesidades de la gente.
6. Predique sobre la fe, la esperanza y el amor.

Temas para pensar

- ¿Es usted una de esas personas que tienden a motivar o a condenar a la gente?

- ¿Cómo puede motivar a los líderes laicos? Indique algunos métodos estratégicos.

- ¿Tiene la unción del Espiritu Santo en sus mensajes?

Los grupos celulares y el liderazgo del pastor

Seis principios de iglecrecimiento sin límites

Aunque usted explique sobre la importancia del sistema celular y presente los mejores sermones, si los mismos no son ultilizados como la fuerza motriz para el iglecrecimiento, todo será en vano.

Además de delegar autoridades a líderes laicos, formar grupos de grupos celulares, tener comunión con el Espíritu Santo, motivar a los miembros y predicar los mejores mensajes, al mismo tiempo tiene que aplicar los principios de iglecrecimiento sin límites.

Establezca metas claras y ore por ellas

La condición más importante para logar un iglecrecimiento genuino e ilimitado es establecer metas claras. Enfatizo esto, porque sé que es un principio importante. Por supuesto, no hablo de establecer metas erróneas o motivar a los líderes laicos de una forma incorrecta, pues en caso de que así sea, quizás logre cosechar algún fruto, pero pronto notará un estancamiento.

En 1958, cuando comencé mi ministerio, no sabía nada sobre la importancia de establecer metas. Solo trataba de reunir la mayor cantidad de gente posible, pero no logré alcanzar ningún alma durante seis meses. En ese período me sentí muy frustrado, y ocho veces traté de empaquetar mis pertenencias y abandonar el ministerio. No lo abandoné gracias a las palabras de aliento por parte de la pastora Choi.

Dios me mostró claramente cómo establecer metas definidas para formar una iglesia firme y en crecimiento por la guía del Espíritu Santo, y obtener la victoria en la vida devocional. En esa época, fui muy pobre. Casi no recibía salario y apenas me mantenía. Ayunaba porque no tenía nada para comer.

Un día, mientras leía la Biblia, el Espíritu Santo me enseñó sobre cómo debía orar por fe y creer en un milagro. En el seminario solo había aprendido que éramos salvos por la sangre de Jesucristo.

Lo que más necesitaba en esos días era una mesa, una silla y una bicicleta. Me arrodillé y empecé a clamar a Dios por estas tres cosas. Oré con gran fe, y luego esperé que Dios me las concediera. Esperé días y meses, y sin embargo todo seguía igual. Al ver que no ocurría nada, sentí una enorme frustración y desilusión. Estaba muy deprimido.

Clamé a Dios. Y Dios comenzó a hablarme. Era la primera vez que Dios me hablaba. Recibí el mensaje de Dios bajo una luz brillante.

– Hijo mío, no llores. He escuchado tu clamor y ya te he concedido el escritorio, la silla y la bicicleta.

– Padre Dios, he esperado días y noches, pero tú no me has respondido a mi petición, ¿y cómo puedes decir que ya me lo has dado?

– Te los he dado en forma gradual. Tu petición es muy ambigua y confusa. ¿Acaso no te das cuenta que existen doce clases de escritorios, doce clases de sillas y doce clases de bicicletas? ¿Cuál de ellos quieres? Sé específico en tu oración. Muchos cometen el mismo error, y esto me entristece. Muchos piden, claman y oran, pero ni siquiera ellos mismos saben qué es lo que quieren. Sé específico, y yo concederé tu petición.

– Padre, quiero que me señales algunas evidencias bíblicas acerca de este principio.

El Espíritu Santo me dijo que abriera la Biblia en el capítulo 11 de Hebreos. Y comencé a leer desde el primer versículo: *"La fe es la certeza de lo que se espera..."*.

Repentinamente, mis ojos se detuvieron en esas palabras. El Espíritu Santo siguió diciendo:

– ¿Cómo puedes tener fe si no tienes una meta clara o un objetivo específico de una visión que quieres alcanzar?

Estas palabras penetraron dentro de mí, y quedaron marcadas en mi corazón, y en ese instante entendí que debía establecer metas claras y orar más específicamente.

En una oportunidad, cuando Jesús estaba en camino hacia Jericó, se encontró con el ciego Bartimeo. Jesús y todos los que estaban en su alrededor sabían que el sueño de Bartimeo era recobrar la vista. De todas maneras, Jesús le preguntó de una manera específica.

La Biblia nos narra esta escena diciendo: *"Respondiendo Jesús, le dijo: ¿Qué quieres que te haga? Y el ciego le dijo: Maestro, que recobre la vista. Y Jesús le dijo: Vete, tu fe te ha salvado"* (Marcos 10:51-52).

Tiempo después, descubrí a un Jesús que preguntaba esperando una respuesta concreta que expresara el anhelo de alcanzar esa meta. En la Biblia también descubrí que Dios respondía con milagros a nuestras peticiones claras y específicas.

Entonces comencé a pedir a Dios un escritorio hecho de caoba filipina, una silla de acero con ruedas, y una bicicleta estadounidense con cambios. Ore muy específicamente.

Y creí. En unos meses recibí el escritorio, la silla, y la bicicleta, tal como lo había pedido. Este milagro hizo que yo me aferrara aún más a este principio.

Oraba por el crecimiento de la iglesia, pero el templo seguía vacío, aunque había obtenido todo tal cual había pedido. Por lo tanto, no habría razón por la que Dios no me concediera las almas. ¿Acaso Dios podría estar más interesado en un escritorio, una silla y una bicicleta que en las almas?

Descubrí que así como mi actitud en cuanto a la oración estaba incorrecta, también lo estaba en cuanto al crecimiento de la iglesia.

Clamaba que una lluvia de bendición cayera sobre mi ministerio, pero Dios no me había concedido esta petición porque no había sido específico en ella. Luego descubrí que Dios respondía mis oraciones a través de la fe, los sueños y las visiones.

Sabía que Dios estaba conmigo a través de su Espíritu, y esto significaba que Él no respondía fuera de mis propios límites. En otras palabras, la respuesta uno la recibe dentro de sí mismo.

Tengo la convicción de que el tamaño de la respuesta de Dios es paralelo al canal de oportunidad que nosotros le brindamos a Él. Si mi canal de fe es pequeño, la bendición de Dios se manifestará en pequeño. En cambio, si ensancho el canal a través de la fe, la bendición fluirá más grandemente a través de él.

Conciba el sueño

El otro principio de iglecrecimiento es el principio de la incubación. Es decir, aunque tenga una meta clara, si no concibe el sueño en su corazón, nunca alcanzará su objetivo. La visión es la herramienta básica que el Espíritu Santo usa para edificar algo. La Biblia aclara: *"Sin profecía [visión] el pueblo se desenfrena; más el que guarda la ley es bienaventurado"* (Proverbios 29:18). Sin visión, jamás podremos emprender algo.

Los sueños y las visiones son el fundamento para que el Espíritu Santo obre. Siempre enfatizo que los sueños y las visiones son el lenguaje del Espíritu Santo. Sin hablar el mismo idioma es muy difícil realizar algo. El Espíritu Santo desea hablar con nosotros; sin embargo, si carecemos de sueños y visiones Él no puede hablarnos.

En la Biblia, cada vez que Dios daba una revelación a un hombre para que este emprendiera algo, nunca faltaba el elemento de los sueños y las visiones. Dios le dio el sueño de ser padre de multitudes a Abraham cuando tenía setenta y cinco años. Abraham estaba preparado para emprender su tarea cuando cumplió sus cien años. En una noche, Dios llamó a Abraham para que contara las estrellas del cielo, porque Dios quería que observara con sus

45 años de esperanza, el milagro de los grupos celulares

propios ojos la innumerable cantidad de su descendencia. El sueño era claro: *"Así será tu descendencia"*.

José tenía un sueño, aún cuando fue vendido como esclavo a Egipto por sus propios hermanos. A través de los sueños y las visiones, Dios tomó dominio de toda la circunstancia que envolvía a José, y lo hizo primer ministro de Egipto.

Cuando estuve ministrando en la iglesia de la carpa, un día Dios me habló sobre concebir un sueño. Cada vez que doblaba mis rodillas para orar, el Espíritu Santo me decía:

– Sueña con la iglesia más grande de Corea.

Me hallaba en una iglesia de carpa, pero Dios me exhortaba con soñar. A partir de ese momento aprendí a vivir en el mundo de los sueños. La muchedumbre de gente llegó a la iglesia cuando yo había logrado visualizarlo. No hubiese sido posible sin la obra del Espíritu Santo. Él usaba mis sueños para traer a las multitudes.

Si el sueño no es acompañado por un objetivo claro, ese sueño es en vano. Pero si usted establece una meta clara y comienza a soñar con la realización de ese sueño, el mismo se convierte en un sueño creativo. El Espíritu Santo muda las cosas del futuro al presente, a través de los sueños.

Todos mis discípulos tienen iglesias grandes, porque han aprendido este principio. Les enseñé a implementar el sistema celular, establecer metas claras y aprender a hablar el lenguaje de los sueños.

Hoy, como resultado de eso, todos ellos son pastores de iglesias con congregaciones de decenas de miles de personas. Aún pastores que no fueron mis discípulos, pero que han implementado mis principios, han logrado el éxito en sus ministerios.

Créale a Dios

Tenemos que creer que recibiremos lo que hemos pedido y soñado. Nunca debemos permitir que palabras negativas salgan de nuestros labios.

– No puedo, no tengo capital, no sé cómo hacerlo, no soy apto para eso, esto no es para personas como yo, no sé.

En cierto sentido, decir: "No puedo", implica querer hacer la obra de Dios por sus propias fuerzas. Si queremos depender exclusivamente del Espíritu Santo, no debemos depender de nuestros propios recursos. Por supuesto que no podemos. Solo con el Espíritu Santo es posible. No se trata de nuestra capacidad, sino . de la obra del Espíritu Santo.

Primero debemos establecer metas claras, luego soñar con la realización de esa meta, orar por fe y, cuarto punto, confesar por fe, es decir, creer. Toda obra que aparece en la Biblia ha sido manifestada a través de la fe. La fe es la magia que transforma el sueño en realidad.

Tenga pasión

Usted puede producir pasión en el corazon de la gente a través de la confesión de la visión, y hacer creer a mi alma y a los demás que sucederá. Es imposible construir una iglesia grande por sí solo. Yo necesito la colaboración de todos mis miembros. Ese espíritu de cooperación no se manifiesta si no hay pasión.

Yo uno mi corazón con los de los miembros, y les hago creer en el crecimiento. Informo a los copastores, ancianos, diáconos y líderes sobre una meta, así como también a nivel de redes de hombres y de mujeres. Les hablo de esa meta cada vez que puedo. A través de esto, ejerzo el poder que aparece en la Biblia cuando nos dice: *"Porque de cierto os digo que cualquiera que dijere a este monte: Quítate y échate en el mar, y no dudare en su corazón, sino creyere que será hecho lo que dice, lo que diga le será hecho"* (Marcos 11:23).

Imagínese a toda la congregación clamando y creyendo en esta misma palabra; sin lugar a dudas, el poder se incrementará. Si pone una leña sola en la chimenea, la llama será pequeña, pero si pone muchas leñas, la llama se agigantará fácilmente. La llama de la pasión da calor cuando se unen los corazones de los santos.

Prepárese

Muchas personas anhelan el crecimiento, pero no se preparan para ello. ¿Qué piensa hacer cuando las multitudes lleguen a su iglesia repentinamente? En caso de que las finanzas no alcancen para rentar un lugar amplio, ¿cómo piensa ubicar a tanta gente? Para evitar estos inconvenientes, debemos preparar y actuar como si el sueño ya se hubiera realizado.

Si no estamos preparados para el crecimiento, ¿qué podremos hacer con los cientos y miles de recién convertidos? Si no estamos preparados, perderíamos a la gran mayoría, porque no habrán encontrado un lugar adecuado donde ubicarse en la iglesia.

El templo central de mi iglesia es el resultado de varios proyectos de ampliación. Al ver a la iglesia crecer, hice un plan de construcción de un complejo alrededor del templo central. Construímos el edificio de educación, el departamento de centro de misiones y el edificio del diario Kukmin.

También vimos la necesidad de iniciar un proyecto de ampliación del complejo de la montaña de oración. Porque a causa del iglecrecimiento, veíamos a más gente yendo y viniendo de la montaña.

Dios suplió todas las necesidades financieras. Dios es mi máximo recurso. Cuando llegamos a Yoido, solo teníamos dos mil dólares, y el costo estimado de la construcción del nuevo templo era de dos millones de dólares.

El pastor necesita aferrarse junto a sus miembros de la visión y la pasión; el tema financiero es lo último que debe preocuparnos. Las cosas de Dios tienen un orden. Primero, debemos preguntar: "¿Esto es de Dios?" Y luego, seguir preguntando: "¿Tenemos una meta clara?" "¿Podemos alcanzar la meta, y poseer nuestra visión?" "¿Realmente le creemos a Dios?" "¿Tenemos pasión por las almas perdidas?"

Si obtenemos una respuesta positiva a estos interrogantes, en ese momento debemos sacar la calculadora, arremangarnos y sacar las cuentas. En mi caso con relación a las finanzas, lo doy como un hecho, y camino por fe sobre el agua. No miro ni al viento ni a las olas. Solo camino con mi mirada fija en la visión. El que me ayuda a caminar es Dios.

Ensanche la tienda de su capacidad ministerial

Si una madre compra ropa, calzado, pañales y cama después de que su bebe nace, comete un gran error. Lo mismo ocurre con el crecimiento de la iglesia. Una vez que haya concebido el iglecrecimiento en su espíritu, debe prepararse como si el crecimiento ya hubiese ocurrido. Concebimos el iglecrecimiento a través del Espiritu Santo, pues esa es la única manera de que el crecimiento dé a luz.

Una iglesia no se construye, sino que nace. Lo que hago en mi iglesia es fabricar una cama gigante. Mi deseo es prepararnos para lo que va a venir. Esta mentalidad es un ministerio de veinticuatro horas para un pastor que tiene interes en el iglecrecimiento.

El pastor es el que concibe el iglecrecimiento. De esta manera, una iglesia nace o crece en cualquier lugar del mundo. El iglecrecimiento depende del sueño, de la visión, de la fe y de la capacidad ministerial que él posea.

Con esta clase de capacidad y de fe, un pastor puede fundar una iglesia en cualquier lugar del mundo: Estados Unidos, Inglaterra, Alemania, Argentina, Brasil, México, Indonesia, Nueva Zelanda, India, Pakistán, etc. Desde el punto de vista de las misiones, esto no parece la mejor manera de fundar una iglesia local en un pais considerado "zona misionera". Y esto funciona aún en los países del tercer mundo.

Usted y yo vivimos en un mundo donde la gente necesita oír el evangelio de Jesucristo. El sueño de Dios es que las buenas nuevas sean proclamadas en todo el orbe a través de la iglesia. Dios es nuestro máximo recurso. Dios nunca nos defrauda si caminamos en la dimensión de la fe y consideramos a Dios como nuestro máximo capital. El iglecrecimiento basado en el sistema celular y el mover del Espíritu Santo, funcionan en cualquier lugar del planeta.

Asimismo, a medida que apliquemos los principios de iglecrecimiento, nos asombraremos al descubrir que el iglecrecimiento es real y aplicable. El iglecrecimiento se hace posible a través del Espíritu Santo, de la Palabra de Dios y de la fe del pastor. Especialmente usted y yo podemos fundar una iglesia en cualquier rincón del planeta por medio del sistema celular. Y para lograr el éxito en el sistema celular, nunca debe olvidar de aplicar los principios que le he presentado.

Seis principios para un iglecrecimiento sin límites

1. Establezca metas claras y ore por ellas.
2. Conciba el sueño del Espíritu Santo.
3. Créale a Dios.
4. Tenga una pasión ardiente.
5. Prepárese.
6. Ensanche la tienda de su capacidad ministerial.

Temas para pensar

¿Cuál es su objetivo con relación a iglecrecimiento?

¿Tiene en su corazón el sueño de Dios en cuanto al iglecrecimiento?

¿Cuáles son las áreas en que debería prepararse para el iglecrecimiento?

Los grupos celulares y
el liderazgo laico

5

Los grupos celulares y el liderazgo laico

Los grupos celulares

La iglesia es una comunidad de amor donde se congrega el santo pueblo de Dios redimido por la sangre de Jesucristo. Esta comunidad es un cuerpo y organismo vivo que tiene como cabeza a Jesucristo. Por consiguiente, podemos definir que la iglesia es una huerta espiritual que produce vida a través del amor de Dios y la comunión con el Espíritu Santo.

Si consideramos las células como la unidad menor de un cuerpo, también la iglesia necesita una organización mínima como las células. Por lo tanto, en la iglesia se necesitan grupos pequeños que proclamen la vida de Jesucristo, sean la luz y la sal de la Tierra, y tengan comunión con los santos. Y a estos grupos pequeños, nosotros los denominamos "Grupos celulares en los hogares" (Home Cell Group).

¿Por qué son importantes los grupos celulares?

Dentro de una iglesia existen grupos pequeños que se distinguen por su función y talento. No obstante, el sistema celular es lo más básico de todos aquellos grupos pequeños, y los grupos celulares son la infraestructura de la iglesia que edifica y fortalece la comunidad de la Iglesia. Por más que las hojas de los grupos pequeños parezcan energéticas, si la raíz del sistema celular es débil, el árbol de la comunidad de la iglesia no puede dar buen fruto. En este sentido, el sistema celular es la raíz que fortifica el árbol de la iglesia y una necesidad básica para dar fruto. A nivel del globo, notamos que las iglesias que más rápidamente crecen son las iglesias que han implementado el sistema celular. El sistema celular no es algo selectivo, sino una organización fundamental para lograr el iglecrecimiento.

Por más que otro pastor llegara a ocupar el puesto del pastor general en una iglesia, la misma puede seguir firme gracias a la infraestructura del sistema celular, puesto que los grupos celulares son pequeñas iglesias en sí. Los grupos celulares ocupan un lugar primordial para establecer el reino de Dios aquí en la Tierra, y proclamar el corazón de Dios.

1) Fábrica de vitaminas espirituales de amor

La comunión entre los santos es la vitamina espiritual para que los grupos celulares puedan recibir la nutrición necesaria. Pero a medida que la iglesia crezca, se hace más difícil la circulación de la vitamina espiritual del amor. La iglesia primitiva de Jerusalén tuvo un conflicto entre los miembros de habla griega y los de habla hebrea. La causa de la murmuracion fue la falta de atención de distribución diaria en cuanto a las viudas de habla griega (ver Hechos 6:1-6). Asimismo, hoy se hallan los mismos dilemas en las iglesias con gran crecimiento. Debemos suplir el amor a través del sistema celular, pues el amor es lo que Dios considera lo más importante.

Así como se requiere una mayor nutrición a medida que el cuerpo se desarrolle, también la iglesia necesita que la profundidad, la altitud y la anchura de la comunión entre los santos se agiganten a medida que la misma crezca. Por lo tanto, los miembros necesitan una organización donde puedan brindar y recibir amor, y el sistema celular es la mejor respuesta con relación a este asunto. En caso de que no haya una genuina comunión de amor entre los santos, nunca podrán dar fruto; sería como faltar el respeto hacia el prójimo y formar partidos de intereses propios.

Los grupos celulares deben ser como lugares donde se fabrica amor y se da amor, en una atmósfera familiar de amor. Dios es amor. Un grupo celular que no logre entregar amor a sus integrantes puede afectar a toda la comunidad de la iglesia. En este sentido, la comunión de amor de los grupos celulares es la fuerza motriz para establecer una iglesia firme.

2) Pequeñas iglesias con autoridad ministerial

Todo ser humano tiene una limitación, y la capacidad de un pastor no puede ser una excepción. Un pastor solo no puede realizar todas las tareas ministeriales como la de predicar, evangelizar, aconsejar, visitar hogares, etc., sino que necesita colaboradores a quienes pueda confiarles la obra. Por tanto, el sistema celular es la mejor estrategia para delegar la obra. Para lograr una iglesia en crecimiento, el pastor debe considerar a los líderes laicos como sus colaboradores y colegas, y delegar su autoridad ministerial.

Moisés, quien había liderado al pueblo israelita desde el cautiverio de Egipto, no fue capaz de juzgar todas las apelaciones que les presentaban. Moisés sintió una limitación en su liderazgo, a medida que se iba alargando el camino hacia la tierra prometida. Y lo que Moisés hizo fue delegar su autoridad ministerial a un grupo de líderes que tenían temor de Dios y la misma visión para gobernar el pueblo de Israel. Siguiendo las sugerencias de su suegro, Jetro, Moisés designó a jefes de millares, de centenares, de cincuenta y de diez, y delegó su autoridad. De esta manera logró liderar al pueblo de Israel, que por cierto eran millones de personas, razonable y eficazmente (ver Éxodo 18:13-27).

Así como el sistema celular es como los distritos de jefes de diez, y la unidad menor del cuerpo humano, los grupos celulares son como una iglesia pequeña dentro de una comunidad grande. La iglesia crecerá saludablemente en forma de una gran comunidad, cuando los grupos celulares adopten y sigan la visión y la filosofía ministerial del pastor general.

3) Un escenario para servir y ser servido

El creyente está en una relación de dependencia, porque es miembro del cuerpo de Cristo; es decir, la iglesia. Así como la mano ayuda al pie, el oído a la boca y la boca al estómago, los miembros deben ayudarse mutuamente para que la iglesia esté en movimiento. No solo el pastor debe servir a sus miembros, sino los miembros también deben servirse unos a otros y formar una comunidad de amor, estimando cada uno a los demás como superiores a sí mismos.

Para cumplir con este propósito, el Espíritu Santo da los dones conforme a la medida de cada miembro (ver 1 Corintios 12:4-31); a unos le es dado el don para sanar enfermos, a otros el don para dar bienes, a otros el don para servir, a otros el don para enseñar, a otros el don para proclamar el evangelio, y todos estos dones son dados para el beneficio de sus hermanos.

En este sentido, el don siempre viene acompañado de vocación. La Biblia nos exhorta diciendo: *"Hospedaos los unos a los otros sin murmuraciones cada uno según el don que ha recibido, minístrelo a los otros, como buenos <u>administradores</u> de la multiforme gracia de Dios"* (1 Pedro 4:9-10, énfasis mío).

Según esta perspectiva, el sistema brinda el escenario perfecto para que los santos practiquen el amor y se sirvan los unos a los otros.

¿Cómo organizar el sistema celular?

Organizar implica formar el esquema y la figura exterior. Asimismo, el sistema celular también debe comenzarse plantando la semilla, es decir, el hombre bajo la dirección del Espíritu Santo.

Primeramente debemos orar para que Dios envíe las almas. Tenemos que acostumbrarnos a orar al comenzar y culminar una labor. Jesús oró toda una noche antes de elegir a sus doce discípulos. El corazón de Jesús era nada menos que el corazón de Dios. Jesús escogió como discípulos a gente que trabajaba en el mar, en el mercado, etc. Asimismo, un ministerio debe nacer a través de la oracion, de acuerdo al plan de Dios. En la formación de un grupo celular sucede lo mismo: primero debe orar y, junto con las personas que Dios le ha enviado, debe comenzar el grupo celular.

1) De dos a doce personas

Jesus comenzó eligiendo como discípulos a dos o tres personas, y luego limitó el grupo a doce hombres. La Biblia simboliza al número doce como la cantidad mayor de una organización. Por lo tanto, es preferible multiplicar el grupo celular cuando este sobrepase el límite de doce miembros. No es recomendable que un lider esté a cargo de más de doce personas en su grupo celular. En el caso de nuestra iglesia, antes permitíamos que los grupos celulares fueran de quince familias como máximo.

Sin embargo, es recomendable dividir el grupo celular en dos, cuando sobrepase el límite de doce personas, que a su vez también tendrá que multiplicarse cuando pase ese límite. Por más que el grupo celular recien nacido este compuesto por una o dos personas, debe tener como objetivo llegar a doce personas, y trabajar para que esa iglesia pequeña crezca y logre multiplicarse.

Para Dios un alma vale más que el mundo entero (Mateo 16:26), por lo tanto, no debemos tener como objetivo solo llenar un número, sino salir en busca de un alma, motivados por el amor y el principio de visualización, añadiendo uno por uno el número de convertidos, y así formar el grupo celular de doce personas.

2) Considerar la condición geográfica y el lugar de actividad

Un elemento básico y fundamental del sistema celular es considerar la condición geográfica antes de formar los grupos celulares. Una de las ventajas de la condición geográfica es el tiempo y la fuerza de movilidad. Un grupo celular formado en base a relaciones personales y otros elementos como las amistades íntimas, tiene mucha posibilidad de fracaso. Esto se debe a que las personas pierden mucho tiempo en el viaje, y al final pierden la motivación en seguir formando parte de ese grupo celular. Por eso, nunca debemos permitir que los grupos celulares se formen en base de relaciones personales, sino en base de cercanías geográficas. Un grupo celular saludable y hermoso se forma de acuerdo a este criterio.

También pueden formarse grupos celulares según el lugar de actividad de los integrantes de un grupo. Por ejemplo, es sumamente eficaz formar un grupo en caso de que haya varios hermanos que trabajan en una misma empresa. Debemos tener en cuenta que la ventaja aquí también es el tiempo. Hay muchos casos en que un líder ha abierto un grupo celular en su lugar de trabajo, y ha dado mucho fruto.

¿Qué funciones tienen los grupos celulares?

Así como el hombre se enferma o padece de un paro cardíaco cuando los órganos básicos de su cuerpo no funcionan debidamente, la iglesia también deja de crecer si las nutriciones no son suplidas. Los órganos básicos que forman el cuerpo de la iglesia deben funcionar normalmente.

El sistema celular es el órgano básico del cuerpo de Cristo, y tiene cuatro funciones: célula, red, nervios y vasos sanguíneos.

El sistema celular se multiplica y crece a base de estas cuatro funciones.

1) Célula

Todo organismo está compuesto por células y crece a través de la multiplicación de las mismas. Asimismo, los grupos celulares deben multiplicarse para que la iglesia crezca.

Como señaló Pablo, la iglesia es un organismo vivo donde la cabeza es Jesucristo, y todos los miembros del cuerpo actúan por medio de la obra del Espíritu Santo (ver Colosenses 2:19), y el sistema celular cumple la función de las células biológicas. Tal como el cuerpo padece de una enfermedad en caso de que las células biológicas no cumplan su función, la iglesia sufrirá de un gran perjuicio en caso de que el sistema celular deje de cumplir su función. Es por eso que la iglesia debe brindar al sistema celular la alimentación y la nutrición necesaria, para que a través de la multiplicación pueda crecer.

Así como el cuerpo se enferma cuando las células permiten la entrada de un virus, por ejemplo, la iglesia deja de crecer y queda estancada cuando admite que los grupos celulares sean invadidos por la murmuración, la queja y el odio. Se requiere entonces de un ciudado muy especial en cuanto a los grupos celulares para que la iglesia crezca.

2) Red

Dios quiere que seamos pescadores de hombres. La misión de un pescador no es solo pescar, sino pescar mucho. Jesucristo quiere que pesquemos en abundancia. Cuando Pedro lanzo la red al encontrarse con Jesús resucitado, pesco tanto que la red estaba a punto de romperse. El número de peces que había pescado era ciento cincuenta y tres. La red es nada menos que el grupo celular.

Podemos pescar muchas almas a medida que alcancemos a lanzar la mayor cantidad de redes posibles. Así como necesitamos redes de malla más cerrada para pescar más peces, los grupos celulares deben estar organizados en forma sistemática y estratégica. Sin las redes celulares es muy probable que los nuevos conversos sigan su camino. Los grupos celulares son la base para el avance, donde los nuevos reciben el cuidado necesario y proclaman las buenas nuevas a todo el mundo; cumplen así el rol de la sal y la luz del mundo.

3) Nervios

Es imposible que un pastor solo pueda suplir todas las necesidades individuales de cada persona, y capacitarlas. Creo que la función del pastor se limita a apacentar a sus ovejas, pero no es responsable en persona de capacitarlas individualmente.

El pastor puede, a través del sistema celular, conocer las diversas necesidades de sus miembros y satisfacerlas a través de los líderes de grupos celulares. Estos líderes son colaboradores del pastor, quien dedicará su tiempo y esfuerzo en conocer cuáles son las necesidades de la gente, y transmitir el gozo y el dolor junto con los integrantes del grupo.

El líder es, también, el nervio que pasa la información de la visión de la iglesia dada por el pastor.

Los grupos celulares son, además, un canal donde se informa y se advierten los peligros de la corriente de este mundo y las falsas doctrinas. La iglesia debe procurar que los grupos celulares logren cumplir la función del sistema nervioso central. Así como un nervio puede paralizar a todo el cuerpo, los grupos celulares son el núcleo del movimiento de toda la comunidad de la iglesia y el canal de transmisión.

4) Vasos sanguíneos

Así como los vasos sanguíneos brindan nutrición y vitalidad al cuerpo a través de la sangre, la iglesia brinda la palaba de Dios y fortalece la fe de los miembros a través de los cultos generales y los grupos celulares. La variedad de problemas que padece la gente, es inmensa. El mensaje de los cultos de los domingos no llega a penetrar y solucionar los problemas más íntimos de una persona; es necesaria una nutrición adicional que supla las necesidades más minuciosas de los miembros, a través de los grupos celulares.

El líder de grupos tiene la autoridad de visitar hogares y fijar cuáles son las necesidades de una familia, y ofrecer la dirección necesaria. El líder de grupos celulares es el vaso sanguíneo que brinda vida por medio de la oración, la visita, la palabra y el servicio. El pastor es como un médico, mientras que un líder de grupos celulares es como un enfermero que conoce la situación de cada persona. La iglesia puede crecer sin tan solo el sistema celular alcanza a cumplir la función de los vasos sanguíneos.

Tres requisitos para el crecimiento de grupos celulares

Se necesitan tres requisitos clave para que un grupo celular crezca: hombre, mensaje y método. Primero, debemos ganar hombres, en especial, a líderes de grupos celulares que lleven una vida teocéntrica, amen a Dios y tengan pasión por las almas perdidas. Dios no obra antes de tener al hombre, y jamás obra en grande antes de encontrar a alguien conforme a su corazón. Esta es la razón por la que capacitamos a la gente.

Segundo, se necesita un mensaje que tengan dos condimentos: convicción y poder transformador. Si el mensaje no es firme y concreto, nadie será transformado. El mensaje debe ser como el sonido de una trompeta, pues ese era el inicio de una guerra en los tiempos antiguos.

Tercero, debemos conocer el método; cómo dirigir la reunion celular, cómo predicar la palabra, cómo cuidar las personas.

1) <u>Hombre</u>

Una persona que piense en el fracaso jamás alcanzará el éxito. El peor enemigo del éxito es el derrotismo. "Jamás podré llegar a ser líder de grupos celulares, no puedo hacer crecer mi grupo celular, las cosas no salen bien por más que intento". Este tipo de derrotistas no pueden ser partícipes en la obra de Dios, pues Dios los usará solo cuando renuncien a ese tipo de negativismo.

El Espíritu Santo se manifiesta en nuestras vidas a través del pensamiento y el lenguaje. El Salmo 23:1-3 dice: *"Jehová es mi pastor; nada me faltará. En lugares de delicados pastos me hará descansar; junto a aguas de reposo me pastoreará. Confortará mi alma; me guiará por sendas de justicia por amor de su nombre"*.

Una de las maneras de deshacer el lenguaje derrotista es a través de un lenguaje de fe. "Puedo hacer todo lo que Dios me encomiende. Y nada me faltará".

Debemos confesar como: *"Todo lo puedo en Cristo que me fortalece"*. Y alimentar nuestra mente con palabras de fe como, por ejemplo: "Nada me faltará. Puedo cumplir con la obra de Dios, si Él me ha enconmendado esto, se que Él me llenará de su poder, de su gracia y de su gloria. Nada me faltará". El peor enemigo del hombre es la frustración y el sentimiento de inferioridad que guarda en su propio corazón.

David tenía una formula simple: "Jehová + Pastor = Nada me faltará". Dios no nos ha llamado y enconmendado su obra porque seamos dignos, sino que es Él mismo, el que hace toda la obra. Por consiguiente, debemos vivir en el poder de Dios quien ha creado los cielos y la Tierra, más todo lo que hay en ella, y nos ha salvado.

Debemos llenar nuestra mente de Jehová nuestro Dios, nuestro máximo recurso. Pero si seguimos manteniendo nuestra mirada en las circunstancias, en las finanzas, en la educación, en la posición social... jamás podremos huir de la sombra del derrotismo. Dios llama a aquel que guarda convicción y confiesa palabras de victoria.

2) Mensaje

Una de las obras del Espíritu Santo es entrenar al hombre interior de una persona. El Espíritu Santo nos vivifica a través de la palabra y la oración. El hombre interior necesita ser renovado, y la vida cristiana también necesita ser vivificada constantemente a través de las reuniones de los domingos, de los miércoles y de los grupos celulares. Nuestro hombre interior es vivificado por la palabra y el Espíritu Santo, a traves de los cultos.

Dios nos guía en el camino de la justicia por amor de su Nombre. El corazón de Dios es estar con nosotros, hacernos descansar en lugares de delicados pastos, y pastorearnos junto a las aguas de reposo. Este es el camino por el que va formando nuestra relación con Dios.

Toda persona que crea en Jesucristo debe considerar a Dios como su máximo recurso. Dios usa a los hombres, a las empresas, al país, a las circunstancias, para bendecirnos. Lo que contemplamos esencialmente es la dependencia en Dios.

El mensaje debe ser inspirado por el Espíritu Santo, pues Él es el Señor de los grupos celulares. Debemos entonces encomendar todas nuestras angustias y depender del Espíritu Santo.

Uno de los secretos básicos del crecimiento y mantenimiento de nuestra iglesia es el mensaje dado por el Espíritu Santo. No tengo problemas en ministrar mi iglesia de setenta y cinco mil miembros, porque tengo una fe, una teología y una filosofía pastoral firme y concreta dadas por Dios. Especialmente, mi teología del evangelio quíntuple y la bendición triple ha sido el secreto que me ha posibilitado la victoria. Todo pastor y todo líder de grupos celulares debe preparar un mensaje apropiado. Sin esto, de nada sirve el hombre y el método.

3) Método

La Biblia es la base de nuestra vida y de nuestra teología. En ella encontramos todos los métodos de Dios. El sistema celular y el iglecrecimiento tienen sus raíces en las Escrituras.

La iglesia primitiva estaba compuesta por grupos familiares; estos nacieron y fueron guiados por el Espíritu Santo, teniendo a Jesucristo como cabeza de la Iglesia. La iglesia primitiva nació en Pentecostés –ver capítulo 2 del libro de los Hechos de los Apóstoles–. Ciento veinte personas estaban con sus corazones unidos, esperaban la venida del Señor.

Hechos 2:1 dice: *"Cuando llegó el día de Pentecostés, estaban todos unánimes juntos"*. Oración y unidad son los dos elementos que se necesitan para dar fruto en el reino de Dios. Nuestra oración debe estar unificada con la palabra de Dios y guiada por el Espíritu Santo.

El sistema celular es una organización informal guiada por el Espíritu Santo. Este sistema no es un simple método, táctica o estrategia, sino una organización que a través del Espiritu Santo lleva a cabo la obra de Dios en todas las áreas en que se mueve el pueblo de Dios. Debemos aplicar los principios bíblicos, sabiamente guiados por el Espíritu Santo, para que el sistema celular crezca.

¿Cómo administrar los grupos celulares?

El trabajo básico del grupo celular es procurar que todos sus integrantes lleguen a la estatura de la plenitud de Cristo, a traves de los cultos y las reuniones, y alcanzar la mayor cantidad de almas posibles, para que puedan experimentar la llenura de la gracia de Dios. Debemos establecer seis objetivos claros, y administrar los grupos celulares según estos objetivos: adoración, palabra, oración, sanidad, comunión y evangelización.

Es importante establecer el sistema celular y es necesario que los objetivos y las responsabilidades se cumplan. El grupo celular debe ser un centro de atención donde se traten los temas de la vida cotidiana.

1) Adore en espíritu y en verdad

La adoración implica que el corazón de los santos se expresa a través de la alabanza, la acción de gracias y la consagración. La adoración es la confesión de fe más importante de un creyente, y el lugar donde experimenta un encuentro personal con Dios. La adoración es un barómetro para medir la calidad y la profundidad de nuestra fe. Por ende, la profundidad de la adoración es la profundidad de la fe.

El hombre ha sido creado para adorar y alabar a Dios. Debemos llenar nuestra vida cotidiana con alabanza y adoración. El propósito número uno de las reuniones celulares debe ser la adoración. Un grupo celular sin adoración es como un barco sin timón. La reunión celular debe ser un lugar de adoración en espíritu y en verdad.

Es a través de la adoración donde examinamos nuestros corazones, experimentamos el amor de Dios, descubrimos su propósito para con nosotros y entendemos cómo servir mejor al prójimo. Dios es espíritu, y el que adora en espíritu y en verdad es necesario que lo adore.

2) Anuncie la Santa Palabra

El santo siempre debe anunciar el mensaje que alimentó su espíritu, la Palabra de Dios, en cada reunión. Es decir, cuando dos o tres se encuentran, o cuando se visitan hogares. La Palabra de Dios es viva y eficaz, y a través de ella se manifiesta el poder del Espíritu Santo. Donde hay Palabra, hay transformación de espíritu, alma, cuerpo y circunstancia.

Es vital vestirnos de la armadura de la Palabra de Dios, porque si no podemos caer en la trampa de doctrinas heréticas. En especial, es fundamental enseñar al nuevo sobre el significado de la cruz, la iglesia y la gracia de la redención. También debemos exhortar a los miembros que pasan por tiempos de dificultad, enseñarles cómo superar la adversidad y vivir una vida victoriosa para la gloria del Señor. Asimismo, el grupo celular debe ser un lugar de comunión, sanidad y abundancia en la Palabra de Dios.

No debemos permitir que alguien se guíe por sueños, visiones y profecías sin tener la Palabra de Dios. Todo don debe estar bajo la autoridad de la Palabra. Tenemos que someternos a la Palabra de Dios y fijar la circunstancia a la luz de la Palabra, y decir "sí" en caso de que la Palabra lo afirme, o decir "no" en caso de que la Palabra lo niegue. La Biblia, la Palabra de Dios, es el criterio y el barómetro para todo.

3) Ore con fervor

La oración es el privilegio básico y el aliento espiritual del creyente. Dios es espíritu, y es a través de un acto espiritual que podemos tener comunión con Él, es decir, la oración. Un individuo o una iglesia sin oración no podrán dar fruto.

La oración es el canal por donde podemos conocer a Dios y hacerle llegar nuestras peticiones. En las reuniones celulares es fundamental la oración con fervor. Una de las ministraciones del grupo celular, es solucionar los problemas de sus integrantes y experimentar el poder y la gracia de Dios por medio de un tiempo prolongado de oración intensa. Jesús prometió que donde dos o tres se reúnan en su Nombre, ahí estaría Él en medio de ellos. Esto quiere decir que la oración intensa en una reunión celular es poderosa. El Espíritu Santo manifiesta su poder en nuestra oración, y en una reunión celular la oración intensa es como una vitamina espiritual.

La oración es el parlante por donde escuchamos la voz de Dios y el canal por donde conocemos el corazón de Dios. Es a través de la oración que podemos tener un encuentro personal con Dios. También debemos tener comunión con nuestro prójimo a través de la intercesión, pues no hay mejor servicio que la oración.

4) Sane a los enfermos

Los discípulos de Jesús siguieron los pasos del Maestro, y siempre que ministraban la Palabra, nunca se olvidaban de orar por los enfermos. El Espíritu Santo se manifestaba a través de la sanidad. Hoy es importante ministrar la sanidad en nuestras iglesias y en nuestras reuniones celulares. Toda persona padece de alguna enfermedad, sea grande o pequeña, espiritual o física. Jesús ministró sanidad. Sus doce discípulos y sus setenta discípulos también lo hicieron cuando proclamaban el evangelio.

El fundamento del cielo es la sanidad, sea que a usted le agrade o no. Por lo tanto, el poder de la sanidad debe manifestarse en nuestros ministerios a través de la oración.

Mateo 10:7-8 dice: *"Y yendo, predicad, diciendo: El reino de los cielos se ha acercado. Sanad enfermos, limpiad leprosos, resucitad muertos, echad fuera demonios; de gracia recibisteis, dad de gracia"*. Dios no solo le dio al líder la misión de proclamar el evangelio, sino también el don para sanar a los enfermos.

Lucas 10:17-19 dice: *"Volvieron los setenta con gozo, diciendo: Señor, aún los demonios se nos sujetan en tu nombre. Y les dijo: Yo veía a Satanás caer del cielo como un rayo. He aquí os doy potestad de hollar serpientes y escorpiones, y sobre toda fuerza del enemigo, y nada os dañará"*. Asimismo, Jesús otorgó a los setenta la potestad de hollar serpientes y escorpiones cuando les encomendó la obra.

Lucas 10:8-9 dice: *"En cualquier ciudad donde entreis, y os reciban, comed lo que os pongan delante; y sanad a los enfermos que en ella hay, y decidles: Se ha acercado a vosotros el reino de Dios"*. Aquí también notamos que la sanidad está ligada al evangelismo. Y la sanidad no es descripta como algo optativo, sino como una orden.

En Romanos 15:17-19, vemos cómo Pablo predicó la palabra en las naciones con potencia de señales y prodigios en el poder del Espíritu de Dios.

Los miembros nunca deben olvidar de orar por los enfermos. Por supuesto, cabe recordar que no todos los enfermos serán sanados, pues en esto se muestra la soberania de Dios. De todos modos, debemos afirmarnos en la Palabra y orar por fe para que los enfermos sean sanados de acuerdo al atributo del reino de los cielos. La reunión celular debe ser un centro de sanidad.

En 1 Pedro 2.24 leemos: *"Quien llevo él mismo nuestros pecados en su cuerpo sobre el madero, para que nosotros, estando muertos a los pecados, vivamos a la justicia; y por cuya herida fuisteis sanados"*. Y Mateo 8:17-18 dice: *"Para que se cumpliese lo dicho por el profeta*

Isaías, cuando dijo: *El mismo tomó nuestras enfermedades, y llevó nuestras dolencias. Viéndose Jesús rodeado de mucha gente, mandó pasar al otro lado"*. Marcos 16:17 dice: *"Y estas señales seguirán a los que creen: En mi nombre echarán fuera demonios; hablarán nuevas lenguas; tomarán en las manos serpientes, y si bebieren cosa mortífera, no les hará daño; sobre los enfermos pondrán sus manos, y sanarán"*. En conclusión, la sanidad es el propósito y la orden de Dios.

Es recomendable estudiar de memoria estos versículos y confesarlos en oración para que el poder sanador de Dios se manifieste. También es necesario enseñar estas palabras al enfermo, para que ore por su sanidad y se afirme en la roca de la palabra. Recuerde: *"La fe viene por el oír, y el oír por la Palabra de Dios"*.

No obstante, le hago una advertencia para tener en cuenta cuando ore por algún enfermo: nunca impoga las manos cuando haya dudas o inseguridad en su corazón. Solo la oración de fe puede sanar la enfermedad, y en caso de que haya duda o falta de fe, el espíritu de enfermedad puede venir y tomar su cuerpo.

5) Brinde una comunión de amor

Comunión implica dar palabras de fe. Debe apartar un tiempo para tener comunión con los nuevos integrantes, y contarles testimonios. Fijese en la cruz. La cruz tiene la forma de suma (+) de la aritmética. Asimismo, la filosofía de la cruz es sumar y unir, es decir, el palo vertical implica la comunión con Dios, y el palo horizontal la comunión con los santos. La reunión celular es el lugar donde deben brindarse el pan y el amor.

Es sumamente importante formar una atmósfera espiritual. Nunca deben hablarse palabras immorales y ociosas, o palabras que dañen a los pastores, líderes y otros miembros. No debemos permitir conversaciones mundanas dentro del grupo celular, sino palabras santas que glorifiquen a Dios.

Tampoco debemos permitir que se realicen compras y ventas de mercancías, préstamos de dinero con intereses y firmas en contratos de garantías. Solo debemos permitir actos de santidad, de amor y de servicio. La reunión celular no es una reunión de interés propio, sino una reunión que glorifica la persona de Dios.

Aún así, hay ocasiones en que se infiltran cosas del mundo y producen caos dentro del grupo celular. De ningún modo debemos permitirlo. La reunión celular debe ser una reunión digna que sirva solo a Dios.

6) Evangelice con vitalidad

El grupo celular es el frente de avance. La evangelización es nuestra gran comisión y el mejor método para multiplicarse. Debemos procurar que siempre haya alguna persona nueva dentro del grupo celular. Generalmente los inconversos sienten mayor atracción en cuanto a la iglesia, cuando reciben el pan y el amor de Dios en forma de grupos pequeños. Esto se debe a las condiciones geográficas, y el no creyente se siente cómodo entre sus vecinos. Tenemos que asegurarnos de traer la mayor cantidad de inconversos posibles a nuestros grupos celulares, y tener con ellos una comunión total, así como también salir a evangelizar una vez terminada la reunión.

Otra de las tareas de los grupos celulares es visitar a los enfermos, a los pobres y a los necesitados, e invitarlos a las reuniones celulares y guiarlos a los pies del Señor.

La evangelización no debe terminar en una simple comunicación vocal, sino debe transmitir la vida de Cristo Jesús a través del Espíritu Santo. La evangelización de poder extiende el reino de los cielos por medio de la multiplicación.

¿Cómo supervisar a los grupos celulares?

El líder, a quien le es entregada la autoridad ministerial por parte del pastor general, tiene la responsabilidad de capacitar y supervisar a su grupo celular. Debe asumir su cargo como la vocación dada por Jesucristo, y entregar lo mejor de su parte. La supervisión consiste en guardar, cuidar y capacitar a la manada.

1) Lleve un libro de actas

El líder debe conservar un libro de actas donde tenga registrado todos los datos de los que conforman el grupo celular y, además, pedidos de oración, datos generales de cada persona, etc. El grupo celular seguirá firme aunque haya un cambio en el cuerpo pastoral, puesto que el líder de grupos celulares se especializa en supervisar su grupo y mantiene todos los registros al día. Cabe recordar la importancia del libro de actas.

Por ejemplo, escribir los distintos pedidos de oración en una hoja de papel, y repartir copias a todos los integrantes del grupo, es una excelente idea. Una advertencia aquí es que el líder nunca debe dar a conocer al resto del grupo las transgresiones y faltas de una persona en particular. Este tipo de intimidades, que requieren oración, es recomendable que solo el líder lo tenga en cuenta y ore por esa persona. Es importante escribir una lista de los pedidos de oración, y repartirla a todos los integrantes del grupo. Eso es una demostración de interés y amor hacia los nuevos integrantes, y especialmente hacia los más necesitados.

2) Supervise de acuerdo a los dones

En caso de que algún don del Espíritu Santo se manifieste en una persona, debemos ayudarla a que siga desarrollando ese don. El líder de grupos celulares debe supervisar el nivel de fe de cada miembro, y recurrir al pastor de distrito en casos difíciles. El líder nunca debe trabajar solo, sino ayudar al grupo a trabajar de acuerdo a sus dones. Pero debemos tener mucho cuidado en no permitir ninguna clase de misticismo o profecías sin fundamentos bíblicos, que corrompan al cuerpo de la Iglesia.

El líder debe estar consciente de que su labor consiste en la salud del grupo celular, y que la salud de este grupo influye en el crecimiento de la Iglesia. La supervisión eficaz solo es posible a través de la obra del Espíritu Santo. Por lo tanto, el líder debe mantener la llenura del Espíritu Santo en su vida y supervisar su grupo con gran fervor, pues así obtendrá su galardón en el reino de los cielos.

Seis principios para la supervisión de grupos celulares

1. Adore en espíritu y en verdad.

2. Anuncie la Santa Palabra de Dios.

3. Ore con fervor.

4. Ministre sanidad a los enfermos.

5. Mantenga una comunión de amor.

6. Evangelice con vitalidad.

Temas para pensar

• ¿En unidad de cuántas personas están compuestos los grupos celulares de su iglesia?

• ¿Hay algo que necesita modificación?

• Califique a su grupo celular de acuerdo a los seis principios de supervisión.

• ¿Desarrolla los dones dentro de su grupo celular?

SEGUNDA PARTE

*Los grupos celulares y
el liderazgo laico*

Los diez mandamientos de un líder de grupos celulares

Por más que el grupo sea excelente, si el líder es incapaz, el grupo no podrá navegar por la ruta correcta y tropezará en todos los escollos. Para tener un grupo celular activo que dé mucho fruto, primero se necesita un líder preparado. Un líder no apto terminará por corromper todo el grupo celular en corto tiempo.

El líder de grupos celulares es una persona que ha sido llamada por parte de Dios a través de sus siervos. Por consiguiente, tiene una responsabilidad ilimitada, pues el líder es el pastor de su pequeña iglesia, de su grupo celular. Lo que se requiere del líder de grupos celulares es la responsabilidad de un real sacerdocio, un buen administrador y un siervo fiel.

El líder que está a cargo de un grupo celular debe tener el carácter de un líder. La formación del carácter de un líder consiste en renovarse todos los días, golpear su cuerpo y someterse al poder del Espíritu Santo. Debe ser como barro en las manos del Señor.

Pablo confesó: *"Así que, yo de esta manera corro, no como a la ventura; de esta manera peleo, no como quien golpea el aire, sino que golpeo mi cuerpo, y lo pongo en servidumbre, no sea que habiendo sido heraldo para otros, yo mismo venga a ser eliminado"* (1 Corintios 9:26-27). Creo que es una advertencia para todos los siervos de Dios de cuán importante es la paciencia y el examen personal. El objetivo de vida de un líder de grupos celulares debe ser la evangelización (ver Filipenses 1:27).

Pablo confesó haber abandonado todo por causa del evangelio (ver 1 Corintios 9:19-23). Es cierto que se hallan muchos obstáculos en el camino de la realización de un objetivo; uno puede superarlo solo a través de ser paciente. Dios usa vasijas pacientes.

La razón por la que Moisés pudo librar a su pueblo del cautiverio de Egipto, se debe a sus cuarenta años de vida en el desierto. El líder que permanentemente se capacite en la paciencia, logrará cosas mayores. El que no logre superarse a sí mismo, quedará fuera de la primera línea. Entonces, ¿cuáles son las áreas que un líder de grupos celulares debe preparar? Quiero presentar diez principios clave; diez mandamientos clave de un líder de grupos celulares.

1. Tenga convicción de su llamado al ministerio

Dios llama a hombres que tengan un corazón conforme a Dios para encomendar la obra del reino de los cielos aquí en la Tierra. A esto lo denominamos "el llamado". Dios quiere levantar la bandera del evangelio en todos los rincones de la Tierra a traves de nosotros, hombres y mujeres creados conforme a su imagen y semejanza.

El líder que tiene el llamado al ministerio siempre tiene gozo y gratitud en su corazón, y no deja de buscar el reino de los cielos y su justicia, día y noche.

Un líder así jamás se dejará llevar por la tentación de la reputación, sino que se sacrifica y nunca exalta a su persona, sino considera su llamado como algo obvio. Pero, por otro lado, está el líder que no siente el llamado, y entonces el trabajo como líder de grupos celulares le resulta pesado. Cuando digo que usted necesita tener convicción del llamado al ministerio, me refiero a depender absolutamente de Dios, sin tener en cuenta ni siquiera de su vida o de su muerte. El líder debe tener las siguientes identidades en cuanto a su llamado.

a) <u>Real sacerdocio</u>

Hoy Dios escoge a sus siervos para confiar el rol de intercesor de los sacerdotes en el Antiguo Testamento, al líder de grupos celulares como pequeños sacerdotes, para que colaboren con sus pastores. La Escritura nos dice: *"Más vosotros sois linaje escogido, real sacerdocio..."* (1 Pedro 2:9). Todos los santos son real sacerdocio delante de la presencia de Dios; sin embargo, el líder de grupos celulares es un sacerdote con un llamado muy especial. El sacerdote no es aquél que va delante de la presencia de Dios por sus propios intereses, sino por todas aquellas personas que Dios le ha confiado.

El líder de grupos celulares es aquella persona que toma la responsabilidad, no solo de él mismo, sino de todo su grupo celular, sus vecinos y los inconversos de su zona; que ha sido llamado para anunciar las buenas nuevas y las malas nuevas, para condenar a los pecados y transgresiones, y solucionar juntos los problemas de la vida. Y, sobre todas las cosas, para buscar al perdido con el corazón de Jesús. La Biblia nos enseña: *"Sobrellevad los unos las cargas de los otros, y cumplid así la ley de Cristo"* (Gálatas 6:2). El líder de grupos celulares es la persona que une a los hombres con Dios, y a los miembros con el pastor.

b) <u>Buen administrador</u>

En la antigüedad se lo llamaba "administrador" a la persona a quien le era encomendada la tarea de cuidar la casa y supervisar a los obreros o esclavos de la misma. De igual forma, el líder de grupos celulares es el obrero que sirve a Jesús como su Señor, y también a los integrantes de su grupo celular. La Biblia dice: *"¿Quién es el mayordomo fiel y prudente al cual su señor le pondrá sobre su casa, para que a tiempo les dé su ración?"* (Lucas 12:42). Y también nos exhorta cuando dice: *"Cada uno según el don que ha* recibido, ministrelo a los otros, como buenos administradores de la multiforme gracia de Dios" (1 Pedro 4:10). Asimismo, el administrador es aquel que sirve y obedece a su señor.

Jesús nos dio ejemplo de cómo debemos servir. En la última cena, lavó los pies de sus discípulos y dijo: *"Vosotros también debeis lavaros los pies los unos a los otros"*. El hecho de haberse sacrificado a sí mismo como cordero en el altar, significa que Él ha venido a este mundo como el último siervo. Jesús no solo amó y sirvió con sus labios, sino con actos. Por tanto, el líder de grupos celulares debe cultivar una buena actitud en su vida, pues a través de la misma se manifiesta la victoria de la cruz, el poder del amor y la transformación del alma. Así como Pablo dijo: *"Sed imitadores de mí, así como yo de Cristo"* (1 Corintios 11:1), el líder de grupos celulares debe ser el modelo ejemplar de sus seguidores.

c) Soldado de Cristo

Dios nos ha llamado como soldados de Jesucristo, y quiere que manifestemos la gloria de Dios rompiendo las fortalezas del diablo a través de la guerra espiritual. Indudablemente, hoy vivimos en medio de una generación pecaminosa. El pecado se ha infiltrado profundamente en el corazón de la gente y en todas las fibras de la sociedad moderna en forma bastante sistemática. Por lo tanto, uno no puede servir como un soldado de Cristo y al mismo tiempo buscar los placeres y comodidades del mundo. Debe seguir el mandato del Señor en oración, cuidar las ovejas y propagar el evangelio hasta lo último de la Tierra.

El diablo irrumpe la obra de Dios y ataca a los siervos de Dios. Si alguien piensa que tiene que librar la batalla por sí solo, está perdido. Recordemos que somos parte de un gran ejército, el ejército de Jesucristo, y nada ni nadie podrán detenernos, y cantaremos cánticos de regocijo en medio de las adversidades.

El Espíritu Santo está en nosotros, los que hemos sido llamados de acuerdo a su gracia. Aún cuando nos sentimos fatigados en la batalla, el Espíritu Santo ayuda a nuestra debilidad e intercede por nosotros con gemidos indecibles (ver Romanos 8:26), nos fortalece con nuevas fuerzas para seguir manteniendo el fuego de la oración y nos otorga la osadía necesaria para ganar la batalla. Y nos limpia y protege con su poder y con su sangre.

Debemos marchar hacia adelante, sabiendo que el poder de Dios, la autoridad en el Nombre de Jesús y la sangre de la cruz, son las armas estrategicas para vencer al enemigo.

Juan nos aclara: *"Para esto apareció el Hijo de Dios, para deshacer las obras del diablo"* (1 Juan 3:8). Debemos sellar estas palabras en nuestro corazón, y avanzar en la guerra espiritual. En especial, el líder de grupos celulares es el jefe de sección que debe liderar a su grupo e ir al frente, en la primera línea, y luchar contra el enemigo.

2. Sea un modelo

Dios llamó a Abraham de en medio de la ciudad de Ur, de los Caldeos, para hacer de él el padre de la fe. Y a José lo llamó para salvar al pueblo de Israel del hambre y preparar una gran nación en las tierras de Egipto. También llamó a Moisés de en medio de una zarza ardiente, y liberó de Egipto al pueblo de Israel. Y llamó a Eliseo que hacía surcos con su arado, con bueyes y coyundas, para salvar a su pueblo de las garras de Baal. El Señor llamó a Simón Pedro en las orillas del mar de Galilea para hacer de él el mejor discípulo. Y llamó a Pablo, perseguidor de Jesús y de cristianos, en un día soleado camino a Damasco, e hizo de él el apóstol de los gentiles. Dios les dio a todos ellos una misión, y ellos la cumplieron.

El pastor no es pastor porque lo haya deseado. Lo mismo sucede con el líder de grupos celulares. Dios es quien los ha elegido, para la perfección de su obra. La Biblia aclara: *"No me elegisteis vosotros a mí, sino que yo os elegí a vosotros"* (Juan 15:16). Toda persona elegida tiene una misión. Por tanto, el líder de grupos celulares debe ser modelo en las siguientes áreas.

a) Modelo de líder como núcleo del grupo celular

Así como en una célula biológica el núcleo ocupa el lugar más importante y toda la reproducción se efectúa a través de él, el líder es el núcleo del grupo celular, y todas las actividades se realizan a través del líder. Dios ha dado al líder de grupos celulares la misión de cuidar y de liderar a su grupo, y ser el ejemplo del siervo bueno y fiel, si crece en gracia, si recibe el alimento espiritual necesario, si vive una vida de santidad alejada de las cosas mundanas.

El líder de grupos celulares debe ofrecer el alimento espiritual necesario para que sus seguidores sigan saludables. Así debe cumplir diferentes tareas: la visita a los hogares, la oración por los enfermos, la consolación a los afligidos y dar el aliento que requieren los desanimados. También debe sacar el lastre que impide el crecimiento espiritual y hace que las personas se enfermen, y toma nota si los integrantes de su grupo asisten a la iglesia y a las distintas reuniones, debe descubrir si tienen alguna enfermedad física o espiritual, o si han caído en las trampas de las falsas doctrinas heréticas, etc.

Tal como Jesús había encomendado a Pedro la misión de salvar a la familia de Cornelio, el Señor nos confía a nosotros la obra de cuidar las ovejas. Dios no hace la obra que nosotros debemos hacer. Por ejemplo, Dios operó de una manera sobrenatural para abrir las puertas de la cárcel, y usó a un ángel para informar a Pedro sobre lo acontecido. Pero era Pedro mismo el que debía salir de la cárcel.

Dios ama y cuida al grupo celular, pero no tenemos que solamente orar y mantenernos quietos. Lo que el líder del grupo celular tiene que hacer es entregar lo mejor de sí, y encomendar a Dios el resultado de su trabajo; debe demostrar las actitudes de un líder modelo.

b) <u>Modelo de líder como hormona de crecimiento</u>

Una de las tareas importantes de un líder de grupos celulares es la evangelización. El líder no solamente debe promover el crecimiento espiritual, sino también el crecimiento en cantidad de su grupo, y para eso se requiere una evangelización constante. Un grupo celular que no anuncie el evangelio, jamás logrará crecer.

El líder de grupos celulares debe motivar a los integrantes de su grupo para que participen en las actividades evangelísticas, pero la mejor manera de motivarlos es a través de la actitud propia. Debe haber un cambio en las vidas de los creyentes y de los inconversos, cuando estos reciben a Jesucristo como su Señor, dondequiera que vaya el líder. El líder debe introducir en los integrantes de su grupo celular –y también en la iglesia– la hormona del crecimiento, y hacerlos crecer.

El grupo celular que no crece es porque está muerto, y un grupo celular muerto de nada sirve. Por tanto, el líder debe promover la evangelización a todos los que conforman su grupo, y motivarlos, empujarlos para que evangelicen, comenzando primero con sus familias, para que su entorno familiar sea salvo, y luego sus amigos y vecinos.

No hay mejor manera de hacer crecer un grupo celular que a través de la oración. Dios obra a través de la oración.

c) El modelo de líder como una persona amable

El líder de grupos celulares debe ser el ejemplo en todas las cosas. La mejor enseñanza es dada a través de la actitud, no a través de los labios del maestro. ¿Cómo imagina a un líder que tiene sus brazos cruzados y le ordena hacer algo?

El líder, siervo de Dios, debe tener como meta llegar a la plenitud de la estatura de Cristo, y asimilarlo a Él cada día más y más. El evangelio es anunciado a través de un canal: el líder, y por lo tanto debe guardar sus actos; que nadie pueda señalarlo como moral o eticamente censurable.

El líder de grupos celulares debe tener precaución en sus palabras, no debe dañar a ninguna persona, en especial, a los recién convertidos.

En caso de que no guarde sus actos y sus palabras, su falta de cuidado influirá en el crecimiento de su grupo en forma negativa. Es recomendable usar palabras formales, y demostrar cortesía y amabilidad a todas las personas.

El líder también habla con su fidelidad, pues la rectitud en su vida hará que las personas crean en sus palabras y lo sigan. La fidelidad y la sinceridad deben ser la marca registrada de un líder de grupos celulares. Este debe tomar la iniciativa de sonreir y tratar con una actitud afable a sus vecinos, con el objetivo de guiarlos al Señor.

El líder debe ser lo suficientemente diligente para no solo realizar los quehaceres de su hogar, sino también los de otros, cuando las circunstancias lo aconsejen. Debe tomar responsabilidad sobre todos los integrantes del grupo, y estar junto a ellos en los grandes y pequeños logros, en los buenos y en los malos momentos. En especial, este tipo de servicio es sumamente eficaz con relación a los inconversos.

Otra de las responsabilidades del líder está ligada al destino de la iglesia. Debe estar comprometido en la visión de la iglesia.

Por ejemplo, nunca debe dejar a asistir a los cultos generales de los domingos, así como también debe motivar a sus seguidores a asistir a dichas reuniones. El líder de grupos celulares debe buscar la gracia y la llenura del Espíritu Santo en cada reunión, aportar al crecimiento de la iglesia y servir de escudo para que ninguna falsa doctrina herética penetre en la iglesia.

3. Sea un soldado experto en la guerra espiritual

Para ser un líder de grupos celulares debe tener una actitud de fe que agrade al Señor. El líder es una persona a quien le ha sido delegada la autoridad espiritual para hacer la obra. No solamente debe llevar una vida ejemplar, sino también necesita dar fruto en el área espiritual. Y para esto debe hacer de sí mismo un soldado experto en la guerra espiritual.

a) Sea un guerrero de oración

El elemento vital que permite seguir en el ministerio como líder de grupos celulares, es la oración. Hay personas que no aceptan el cargo de líder diciendo: "No puedo", "No soy apto". Pero estas no son más que expresiones de los que se rehusan a comprometerse con una tarea, porque se apoya en sus propias fuerzas. La obra de Dios se hace por el poder del Espíritu Santo; por tanto, todos podemos hacerla, en Cristo. Es una contradicción decir: "No puedo". Lo correcto es decir: "No sé hacerla, pero la haré, porque todo lo puedo en Cristo que me fortalece".

Solo la persona que confiese esa seguridad podrá cumplir la misión que Dios le ha confiado.

El liderazgo de grupos celulares viene a través de la oración. El poder del Espíritu Santo se manifiesta cuando oramos desesperadamente en busca de su presencia, con todas nuestras fuerzas. Si el líder de grupos celulares no ora, el grupo no tardará en enfrentar una tormenta, y la prueba los amenazará. El líder debe orar por el grupo en su conjunto, y también por cada uno de los que lo componen.

Al líder le es encomendada la misión de interceder por su grupo y, a través de la intercesión, experimenta un quebrantamiento y un arrepentimiento genuino, y se convierte de una persona egocéntrica en una persona teocéntrica.

Es recomendable tomar notas de los pedidos de oración de los que conforman el grupo, para poder orar por ellos de acuerdo a sus necesidades. El diablo interfiere nuestra oración a través de las circunstancias. El líder de grupos celulares no debe alinearse con la tentación del diablo, sino que debe orar delante de Dios, mínimamente una hora diaria. El diablo huye cuando oramos, nuestro corazón se llena de gozo y paz, y llegan a nuestras vidas las revelaciones de Dios.

b) Sea un guerrero lleno del Espíritu Santo

Dirigir un grupo celular es un ministerio espiritual; por lo tanto, el líder debe estar lleno del Espíritu Santo, y tiene que orar y predicar guiado por Él. Sin la llenura del Espíritu Santo es imposible liderar el grupo con éxito. El líder debe procurar siempre esa llenura y enfatizar esa actitud al resto del grupo, para que conozcan, experimenten y anhelen al Espíritu Santo.

Sin la llenura del Espíritu Santo, el acto de dirigir la reunión celular, realizar visita a hogares y orar por su grupo, no le resultará atractivo. Solo esa llenura permitirá hacer la obra con gran gozo. El Espíritu Santo no es visible a nuestros ojos, tampoco es palpable, pero sabemos que es nuestro Dios, y es una persona con intelecto, emoción y voluntad.

Nunca podrá levantarse un grupo celular si desprecia al Espíritu Santo. Porque el ministerio es llevado a cabo solo por su poder. Un grupo celular que no cuente con la soberanía de Dios es como un árbol que no da fruto, como una nave sin vela. Solo el líder lleno del Espíritu Santo podrá dirigir el grupo celular con gran entusiasmo, considerar su trabajo con gran gozo y entregar lo mejor para cumplir con lo que se le ha encomendado.

c) <u>Sueñe con el crecimiento de su grupo celular</u>

El soldado espiritual debe aferrarse al sueño de Dios. La Biblia dice: *"Y en los postreros días, dice Dios, derramaré de mi Espíritu sobre toda carne, y vuestros hijos y vuestras hijas profetizarán; vuestros jóvenes verán visiones y vuestros ancianos soñarán sueños"* (Hechos 2:17). El líder lleno del Espíritu Santo concibe el sueño de avivar su grupo celular. Todo líder de grupos celulares que no tenga un sueño ardiente, nunca podrá saborear el éxito.

Reunion clausura de la escuela de capacitacion de
lideres de grupos celulares

En caso de que un líder no tenga ni a un seguidor en su grupo en el lapso de un año, debe fijarse en sí mismo y arrepentirse. La Biblia nos enseña: *"Sin visión el pueblo perece"* (Proverbios 29:18). Si el líder se acomoda con lo que ha hecho, y deja de visualizar el crecimiento de su grupo, le será dicho: "Siervo malo y negligente", y será echado en las tinieblas de afuera, y allí será el lloro y el crujir de dientes.

Pedro se convirtió en el mejor de los discípulos, porque a pesar de su carácter tosco y de su poca educación, ardía de sueño y pasión por su Maestro. El líder de grupos celulares siempre debe pensar: "¿Qué tengo que hacer para que mi grupo prospere?" "¿Qué puedo hacer para que mis vecinos lleguen a los pies de Cristo?", porque son estos tipos de líderes que establecen metas claras y oran específicamente por su grupo, y por aumentar el número en su célula.

El líder debe procurar que sus miembros también participen activamente en la evangelización. Es de este modo que los dones se manifiestan más activos. El sueño de un líder puede transformar todo un grupo celular y todo el vecindario. El líder tiene que tener un sueño y una visión más amplia y específica que el resto de su grupo.

4. Estudie la Palabra

a) Anuncie palabras de esperanza

El mejor regalo que un líder de grupos celulares puede brindar a los integrantes de su grupo, es un mensaje de esperanza. Tenemos que anunciar palabras de expectativa que aporten a la solución de los problemas, y sanen los corazones heridos de todos los que están cansados y cargados.

La razón por la que Dios llama a líderes de grupos celulares, es para que sean de bendición a sus grupos y lleven el mensaje de salvación a los inconversos. El evangelio quíntuple y la bendición triple es el evangelio que Jesucristo nos ha dado a través de la cruz.

Y todo aquel que acepte este evangelio por medio de la fe, prosperará en todas las cosas, y tendrá salud, así como prospera su alma.

El líder que tiene el llamado a este ministerio debe proclamar el evangelio de gracia con denuedo, e impartir la bendición de Dios con la gente.

El líder debe mantenerse lleno del Espíritu Santo; es imposible enseñar y capacitar espiritualmente a otros, sin tener conocimiento de la Palabra. Solo la Palabra de Dios transforma vidas. El acto de bendecir al vecino también tiene que estar basado en la Palabra de Dios. La pobreza y la miseria también son quitadas por el poder de la Palabra. La sanidad de corazones heridos también se manifiesta por la Palabra de amor de Dios. Ningún conocimiento o sabiduría humana puede salvar al hombre.

"Toda la Escritura es inspirada por Dios, y útil para enseñar, para redargüir, para corregir, para instruir en justicia, a fin de que el hombre sea perfecto, enteramente preparado para toda buena obra" (2 Timoteo 3:16-17). Es imprescindible que el líder de grupos celulares estudie la Palabra de Dios. Es recomendable capacitarse en un curso de escuela bíblica de su iglesia local.

Es difícil ser un líder de fe y esperanza sin haber recibido una capacitación de vida cristiana. Como consecuencia, no está orientado a vivir una vida de acuerdo a la voluntad de Dios, y tampoco es capaz de distinguir entre la verdad y las doctrinas falsas. Eva fue engañada por la tentación de Satanás, porque no estuvo firme en la palabra (ver Génesis 3:1-6).

A veces veo líderes de grupos celulares que han sido engañados por sectas religiosas con creencias en doctrinas engañosas. Por eso quiero presentar cinco principios de estudio bíblico que lo ayudarán a aferrarse más a la Palabra de Dios.

a) Oiga

"La fe es por el oír, y el oír por la palabra de Dios" (Romanos 10:17). Jesús dijo: *"Antes bienaventurados los que oyen la palabra de Dios, y la guardan"* (Lucas 11:28). Es indispensable asistir a todas las reuniones de la iglesia como a los cultos de los domingos,

miércoles, y reuniones de oración, y tener hambre y sed de la Palabra. Es recomendable tomar apuntes del mensaje, y comentarlos con otros hermanos una vez terminada la reunión.

b) Lea

En Deuteronomio hay una porción del libro que enfatiza que debemos poner la Palabra de Dios en el corazón y en el alma, leerla, aprender a guardar temor de Dios y ponerla en práctica (ver Deuteronomio 11:18-20). Es muy importante leer la Biblia todos los días en forma sistemática. Puede leerse toda la Biblia en un año si lee tres capítulos por día. Podrá conocer el propósito que Dios tuvo para cada generación, y comprender el panorama bíblico en su totalidad.

c) Estudie

Pablo exhortó a Timoteo diciendo: *"Procura con diligencia presentarte a Dios aprobado, como obrero que no tiene de qué avergonzarse, que usa bien la palabra de verdad"* (2 Timoteo 2:15). Estudiar la Palabra requiere un mayor esfuerzo y tiempo que oír y leer la palabra. Uno no puede estudiar la Palabra sin consagrarse enteramente a Dios. Para un estudio bíblico más profundo se necesitará un diccionario bíblico, una concordancia, una enciclopedia de comentarios bíblicos, etc.

d) Memorice

Jesús reprendió al diablo con la Palabra, cuando este lo tentó en el desierto (Mateo 4:1-11). Necesitamos memorizar la Palabra. No hay mejor manera de reprender al diablo que los versículos bíblicos. Por lo tanto, debemos aprender de memoria la Palabra de acuerdo a una lista de versículos bíblicos, y ponerlos en práctica. Es sumamente eficaz usar tarjetas o un manual.

Repita los versículos una y otra vez, hasta que los haya memorizado, pues es de esta manera que va a tomar la espada del Espíritu Santo (ver Efesios 6:16-17).

e) Medite

"Bienaventurado el que en la ley de Jehová está su delicia, y en su ley medita de día y de noche" (Salmo 1:1-2). La meditación ayuda a que podamos comprender y aplicar en nuestras vidas la Palabra de Dios. Oír y meditar, leer y meditar, estudiar y meditar, memorizar y meditar la Palabra, nos incrementará la fe todos los días.

En caso de que intente solo oír y meditar la Palabra, será como tratar de agarrar la Biblia con dos dedos; es decir, podrá tomarla por un instante, pero no por mucho tiempo. Pero si agarra la Biblia con los cinco dedos, es decir si oye, lee, estudia, memoriza y medita la Biblia, entonces nadie podrá quitar la palabra de Dios que guarda en su corazón.

5. Viva del rocío de la oración

El requisito mayor para ser líder de grupos celulares es: primero, la oración; segundo, la oración y tercero, la oración. Esto se debe a que la misión del líder de grupos celulares no puede realizarse por la capacidad humana, sino por la ayuda del Espíritu Santo (ver Zacarías 4:6). Vivir del rocío de la oración es un privilegio que tiene todo cristiano, y mayor es la responsabilidad para el líder de grupos celulares. El líder que viva del rocío de la oración puede avivar su grupo celular, y aportar al crecimiento de la iglesia.

a) Pida la ayuda del Espíritu Santo

Un líder es designado por el pastor no porque tenga buena apariencia, alta educación o un buen empleo, sino porque ha sido probado que es un hombre o una mujer de oración. Solo a través de la oración cae el fuego y se manifiesta el poder del Espíritu Santo, y los cielos se abren. Hacer la obra de Dios sin oración es cómo manejar un automóvil sin haber obtenido la licencia de conductor, pues terminará por destruir muchas vidas. Solo aquel que ore recibirá el Espíritu Santo de vida. Por tanto, pida la ayuda del Espíritu Santo.

Sin oración su ego no podrá ser quebrantado. Dios nunca usa vasijas antes de quebrarlas. Dios se complace con corazones quebrantados y espíritus contritos (ver Salmo 34:18).

David se fijó en sí mismo cuando Simei lo maldijo y le arrojó piedras, y dijo: *"Quizá Dios está probando mi corazón a través de este hombre, dejadlos"* (2 Samuel 16:5-14). David era un hombre totalmente quebrantado. Aún en los momentos de gran persecución y angustia, debemos fijarnos en nosotros mismos y arrepentirnos.

El poder del Espíritu Santo se manifiesta cuando nos humillamos a nosotros mismos. El Espíritu Santo nos ayuda cuando nos quebrantamos delante de Dios. Entonces obtendremos la victoria, la paz y el gozo con la ayuda del Espíritu Santo. Dios no está con los que sostienen que pueden hacer algo o todo por sí solos. Por tanto, es importante definir algún horario fijo y orar profunda y eficazmente con todo nuestro fervor, buscando la ayuda del Espíritu Santo. No importa cuán grande sea el trabajo que haya logrado; sin oración, de nada sirve.

b) Sea un intercesor

El líder de grupos celulares es aquella persona que intercede por cada persona que conforma su grupo, delante de la presencia de Dios. No es nada fácil ser un intercesor, porque el hombre tiende a no preocuparse por las cosas de otros, sino de sí mismo. Es una enorme bendición poder orar primordialmente por su grupo celular y por los otros necesitados.

La intercesión implica ser participe de la batalla espiritual de la persona por la que oramos, lo que significa tomar sus cargas en forma voluntaria. La intercesión es la máxima oración. La cima de la oración es la intercesión.

Aún hoy el corazón del intercesor que ora por las almas perdidas mueve el corazón de Dios y echa fuera al diablo. No hay amor más grande que la intercesión. El mejor regalo que uno puede obsequiar al prójimo es la mediación. Por tanto, el líder de grupos celulares debe orar por todos los integrantes de su grupo, clamar por sus vidas, uno por uno.

Cuando lleguemos a la presencia de nuestro Señor, entenderemos en plenitud que las cosas mayores y trascendentales han ocurrido por causa de nuestra intercesión.

c) Alabe y dé gracias

La oración acompañada de alabanza y acción de gracias hace manifestar el santo poder de Dios. Especialmente cuando ofrecemos a Dios sacrificio de alabanza y acción de gracias, aún en la noche más oscura, Dios opera un milagro, nos libera del yugo de las circunstancias y nos guía a la luz de su camino.

Pablo y Silas lograron salir de la cárcel, del calabozo de más adentro, cuando cantaron himnos al Señor. El rey Josafat ganó la batalla contra Moab y Amón cuando puso en la primera línea un coro para entonar cantos de alabanza (ver 2 Crónicas 20:22).

Si hoy eleva cantos de alabanza y acción de gracias aún en sus peores momentos de frustración y angustia, Dios acude para levantarlo nuevamente. La alabanza y acción de gracias son la única solución para el líder de grupos celulares. Agradezca y alabe a Dios por haberlo elegido como líder de grupos celulares.

El ahínco humano apunta al egoísmo y a la altivez. Por esta misma razón, Pablo advirtió: *"El que piensa estar firme, mire que no caiga"* (1 Corintios 10:12). No debemos dejar de fijarnos en nosotros mismos, y esforzarnos en ser los mejores líderes. Para ser un líder modelo, usted debe crucificar su ego y su mundo en la cruz, desechar el egocentrismo y aferrarse al teocentrismo.

6. Establezca un hogar de fe

La fe es la convicción del "sí se puede". Debemos creer en la Palabra que dice: *"Si puedes creer, al que cree todo le es posible"* (Marcos 9:23). No obstante, la fe comienza con la convicción. Nuestra fe crece cuando tenemos una convicción positiva de que sí se puede. Tenemos que creer que, sin duda alguna, alcanzaremos el éxito, porque el que está con nosotros es Dios, y tenemos como nuestro socio al Espíritu Santo. El ministerio es de Dios, y es Él quien lo desarrolla.

a) Puede hacerlo

Tenemos que mantenernos firmes sobre la roca de la fe, con la convicción de que sí podemos dirigir el grupo celular. Aún cuando no tenga ni a una persona a su lado, tiene que confesar por fe que su grupo celular crecerá con la ayuda de Dios, y el Espíritu Santo obrará a medida que usted ora y salga a evangelizar.

No podrá obtener ningún fruto si tiene poca fe y abandona su labor a mitad de camino. Una vez que se afierre a la fe, aunque sus ojos, sus oídos, sus manos no logren ver, oír, ni palpar cosa alguna, debe marchar hacia adelante por fe. El confesar "Puedo hacerlo" es el corazón y el lenguaje del Espíritu Santo. Dios obra solo cuando hay fe. Un grupo celular de éxito es el fruto que nace por causa de la fe.

b) Lo hará, y así será

Sin fe es imposible agradar a Dios. El hombre de fe debe tener la fuerza motivadora que dice: "Lo haré, y así será"; una fe no basada en palabras sino en una acción activa. Antes del diluvio la gente se mofaba de Noé, cuando este construía el arca en la cima de una montaña, en obediencia a la Palabra de Dios que decía que iba a juzgar al hombre con el diluvio. No era época de lluvia y, además, Noé construía el arca en lo alto de la montaña, lo que motivó que la gente pensara que este hombre estaba loco.

Noe tardó ciento veinte años en construir el arca, en medio de las burlas. A pesar de ello, el hombre de Dios siguió creyendo en la Palabra de Dios.

Es imprescindible construir un hogar de fe sin tambalearse, para una administración exitosa del grupo. Debemos construir el arca de la salvación en nuestras iglesias y grupos celulares, confiando en que Dios lo hará a pesar de las circunstancias.

7. Practique la paciencia del amor

No hay nada en la vida que se realice de la noche a la mañana; es decir, se requiere paciencia. Esa paciencia que tiene el labrador para sembrar, regar y cosechar, o la paciencia que tiene un padre y una madre para con sus hijos, a los que cuida y educa hasta que maduren. Imagine cuánto más difícil será cuidar y liderar a otros.

a) La semilla de las lágrimas

No existe nada valioso en este mundo que no requiera paciencia. Si resulta fácil es porque no tiene valor. Todo lo grande y valioso es el resultado de una aventura de adversidades. El líder de éxito nunca debe tratar con ira a los integrantes de su grupo, por más que lo merezcan, sino que debe ir y llorar delante de la presencia de Dios y así quitarse el estrés.

La Biblia aclara: *"Los que sembraron con lágrimas, con regocijo segarán"* (Salmo 126:5). En el día del Señor, luego de haber hecho la obra de Dios con lágrimas aquí en la Tierra, Jesús nos aceptará diciendo: *"Buen siervo y fiel"*. La madurez espiritual se logra a través de dos ingredientes llamados dominio propio y paciencia, ambos fruto del Espíritu Santo. Los niños carecen de paciencia. Los débiles también. La paciencia es el atributo y el carácter mayor de una persona madura.

b) El fruto del esfuerzo

El fruto de la obra de Dios requiere paciencia. Una iglesia no nace de la noche a la mañana, como tampoco es destruida de la noche a la mañana. Especialmente, la obra de Dios es más difícil porque requiere excavar el corazón del hombre, con la cruz. Imagine cuán difícil es excavar la tierra con una cruz, si aún con una pala es trabajoso. Se necesita tiempo y paciencia.

Pero sabemos que nuestro esfuerzo no es en vano, porque Dios nos tiene preparado un galardón grande aquí en la Tierra, y también en el reino de los cielos.

Para dirigir un grupo celular exitosamente, no debemos desanimarnos cuando las cosas salen mal, o vanagloriarnos cuando salen bien, sino que debemos esperar con paciencia hasta que Dios nos conceda el premio.

8. Hable con carácter

El carácter implica la dignidad de un hombre, y el carácter de un líder de grupos celulares debe reflejar su dignidad de líder. Este líder debe ser una persona a quien se le ha sido comisionado la tarea de proclamar el Evangelio; por tanto, debe demostrar su carácter de dignidad tanto a los inconversos como a los hermanos de la iglesia. Para esto necesita mostrar respeto y cortesía. Es fácil anunciar la Palabra de Dios, pero no tan fácil ser ejemplo en carácter.

El líder de grupos celulares tiene que sacrificarse en el sentido de que necesita cuidar y educar a su grupo, así como una madre sacrifica tiempo y esfuerzo por sus hijos, y en ocasiones ni duerme por hacer lo que desean sus hijos, por amor. Entonces, ¿qué carácter debe tener el líder de grupos celulares?

a) Corazón de amor

Es muy fácil que fracase una persona con carácter tosco e impaciente. Tiene que fluir un manantial de amor en el corazón de los cristianos. El verdadero amor es el amor de una madre para con sus hijos, a los que trata con paciencia a pesar de sus malas conductas.

Sin tener un corazón de amor es imposible llevar a cabo la responsabilidad del líder de grupos celulares, porque la mayoría de la gente que desea conocer a Jesús está enferma; y una persona enferma tiende a malinterpretar, a criticar y a mirar las cosas negativamente. Si no procuramos mirarlas con el amor de Cristo, no estamos capacitados para esta tarea.

La Biblia nos exhorta diciendo: *"Sobre toda cosa guardada, guarda tu corazón; porque de él mana la vida"* (Proverbios 4:23). Tenemos que tener el corazón de Cristo para transmitir la gracia y el amor de Cristo. La Biblia nos dice: *"Haya, pues, en vosotros este sentir que hubo también en Cristo Jesús"* (Filipenses 2:5). Jamás debemos olvidar que Jesús no quebrará la caña cascada ni apagará el pábilo que humea. Al contrario, Jesús levantó la caña cascada y encendió el pábilo que humea, con su corazón de amor.

El *ágape* de Dios no viene de la emoción, sino de la voluntad personal. El cristiano tiene el deber de amar al enemigo con su voluntad (ver Mateo 5:43-48). Y el líder de grupos celulares debe pedir constantemente al Señor que le dé un corazon compasivo. Este líder con corazón de amor, no piensa en dominar a otra persona, ni tampoco lastimarla; solo sirve, protege y ama a su grupo.

b) Labios de bendición

La confesión de nuestra boca es otro elemento importante que un líder de grupos celulares debe tener para liderar a su grupo exitosamente. Hay un refrán muy popular en Corea que dice: "Con una sola palabra puedes pagar tu deuda de miles". La Biblia también enfatiza este tema. *"La muerte y la vida están en poder de la lengua, y el que la ama comerá de sus frutos"* (Proverbios 18:21). *"Si alguno no ofende en palabra, este es varon perfecto, capaz también de refrenar todo el cuerpo"* (Santiago 3:2). Hay poder en nuestras palabras, porque nuestra confesion es capaz de transformar las circunstancias. Por lo tanto, cualquier circunstancia de maldición sera transformada en bendición si tan solo el líder de grupos celulares abre su boca y proclama palabras de bendición.

Nuestros labios, nuestra boca, nuestras palabras cambian el destino de una persona, de muerte a vida. Un cuchillo en las manos de un médico puede salvar la vida de una persona, pero puede convertirse en un arma mortal en caso de que llegue a las manos de un ladrón. Nuestras palabras son como un cuchillo.

"No devolviendo mal por mal, ni maldición por maldición, sino por el contrario, bendiciendo, sabiendo que fuisteis llamados para que heredaseis bendición" (1 Pedro 3:9). Si anhela el éxito, primeramente debe hacer que otros logren el éxito. El éxito y la bendicion vienen cuando bendecimos a otros.

c) Apariencia digna

Hay personas que aun siendo delgadas y feas, son atractivas. Esto se debe al aspecto de esa persona, es decir, tiene una apariencia digna. La belleza del hombre está ligada con la apariencia. Por más que alguien sea un galán, si se vistiera de un traje que no concuerda con su posición social, sería desastroso. El líder de grupos celulares debe cuidarse también en su apariencia.

Por ejemplo, para un funeral se aconseja vestirse de traje negro, y de vestido suntuoso para una boda.

Asimismo, el líder de grupos celulares debe vestirse de acuerdo a su posición ministerial. Por ejemplo, no es aconsejable maquillarse exageradamente o ponerse adornos y accesorios brillantes, o ir a dirigir la reunión con el cabello despeinado y con sandalias.

Hoy la gente trata mira con mucha atención lo exterior y no tanto lo interior. La Biblia dice: *"No ameis al mundo, ni las cosas que están en el mundo"* (1 Juan 2:15). El líder necesita conservar una apariencia recta e íntegra. La fragancia del amor de Dios debe transmitirse a través de los que proclaman las buenas nuevas.

d) Sensibilidad

El líder de éxito también debe tener sensibilidad. Piense en dos apartamentos idénticos. Uno se ve bien ordenado, lujoso y bello, pero el otro luce desprolijo y con falta de armonía. El orden de la casa refleja la situación mental del dueño. El diablo no entra en un corazón ordenado, pero sí lo hace en un corazon trastornado. Tenemos que ser sensibles y talentosos aún en lo más pequeño. Especialmente el líder de grupos celulares debe cuidar su casa y mantenerla, y mantenerse lo más agradable posible, y así ser un ejemplo a sus familiares y vecinos.

La mejor sensibilidad consiste en ayudar a otros. En el libro de los Hechos aparece una viuda llamada Dorcas. Era tan grande el esfuerzo que había hecho a favor de otros, que cuando murió muchas mujeres llamaron al apóstol Pedro para mostrarle las túnicas y los vestidos que ella había confeccionado, y le pidieron que la volviera a la vida. Finalmente esta viuda recobró la vida gracias a la oración de Pedro (ver Hechos 9:36-42).

El Maestro dijo: *"De cierto os digo que en cuanto lo hicisteis a uno de estos mis hermanos más pequeños, a mí lo hicisteis"* (Mateo 25:40). Dios se complace y el grupo celular crece cuando el líder muestra actos de amor.

Pero por el contrario, Dios no se complace con préstamos de dinero, con pago de intereses, con juegos de naipes, con la compra y venta de productos, etc. Si estas cosas existen, el diablo no tardará en llegar y terminará por destruir a todo el grupo.

Todo líder de grupos celulares tiene que tener un corazón de amor, labios de bendición, una apariencia digna y sensibilidad, y llevar a cabo la obra que le ha sido encomendada.

9. Ayude a que otros logren el éxito

Si anhela el éxito, primero debe ayudar a que otros logren el éxito. Resulta increíble que si usted ayuda a otras personas a crecer en su fe, a recibir la llenura del Espíritu Santo y procurar que sean bendecidos, la misma dimensión de bendicion lo alcanzará a usted. Esta es la ley del reino de los cielos, pues dice: *"Dad, y se os dara; medida buena, apretada, remecida y rebosando dará en vuestro regazo; porque con la misma medida con que medís, os volverán a medir"* (Lucas 6:38).

a) La ley del bumerán

En la vida cristiana uno alcanza el éxito si este ayuda a otros a alcanzar el éxito, pero fracasa si este hace que otros fracasen. Los creyentes tienen que servir en amor a través de la oracion y ayudas solidarias. Tarde o temprano, esa bendición llega a su vida como un bumerán, lo que le permitirá alcanzar el éxito. Nada es gratis en el mundo espiritual. Cosechamos lo que sembramos.

Lo mismo ocurre en el mundo de los negocios. El comerciante tiene que vender productos de calidad al mejor precio, y de esta manera conseguirá ganar la confianza y el reconocimiento de muchos clientes. El secreto del éxito está en sembrar la semilla del éxito en otras personas. Pero si, en cambio, el comerciante vende productos de baja calidad a un precio alto y desfavorable para el cliente, esto puede resultar fatal después de un tiempo, aunque no lo parezca en un principio. Haga que otros se favorezcan, y el éxito lo alcanzará. Dios no hace acepción de personas, Él se fija en nuestro corazón.

Un día, cuando José se encontraba encarcelado vio la angustia que había en los rostros del jefe de los coperos y del jefe de los panaderos. Esto refleja cuán interesado estaba José en aquellos dos oficiales, e hizo lo mejor que pudo para que ellos fueran salvos. A consecuencia de esto José salió de la cárcel en el tiempo de Dios, y se convirtió en el primer ministro de Egipto, pues había aplicado la ley del bumerán.

b) Ore por el éxito de otros

El líder de grupos celulares tiene la misión de bendecir a otros, y el mejor atajo para lograr esto es a través de la evangelización, la oración, la visita a hogares y el hecho de bendecirlos. Pero lo más importante de estos elementos es la oración. Sin oración es imposible lograr esto. La Biblia afirma: *"No con ejército, ni con fuerza, sino con mi Espíritu"* (Zacarías 4:6). El Espíritu Santo obra donde hay oración.

Reunion celular

Siempre me pareció extraño, sin embargo, aquellas personas que viven de la lectura bíblica, tienen conocimiento y discernimiento, pero no se manifiesta en ellos el poder del Espíritu Santo. Este poder se manifiesta solo a través de hombres de oración.

Si clamamos en oración y estamos siempre gozosos, si oramos sin cesar y damos gracias en todo, recibiremos la llenura del Espíritu Santo, y si la recibimos su poder se manifestará en el hogar, en los negocios y en la obra de Dios.

Un grupo celular de éxito es el fruto de un líder que ora por el éxito de quienes conforman el grupo.

10. Contemple el galardón del Reino de los cielos

En el momento de su ascensión, Jesús prometio que volvería. No sabemos cuándo, pero sí sabemos que volverá, según su promesa. Debemos velar en oración y permanecer llenos del Espíritu Santo, y prepararnos para ese día. Dios está preparando un magnífico galardon para sus fieles siervos. El galardón lo recibimos tanto aquí en la Tierra como en el reino de los cielos.

Así como el cáncer se introduce en una célula biológica y extermina a otras células, si un líder de grupos celulares cae en la trampa de las falsas doctrinas heréticas, puede llegar a dañar a mucha gente, lo que comienza por su propio grupo celular. Definitivamente, no hay galardón alguno para este tipo de líderes. Uno de los privilegios de un líder de grupos celulares es contemplar el galardón del reino de los cielos.

a) El galardón prometido del Reino de los cielos

Según Apocalipsis 22:12 y Mateo 5:11-12, el galardón es grande para los que sufren persecución por causa del evangelio. Quiero presentar tres tipos de galardones.

Primero, el galardón de gloria. *"No como teniendo señorío sobre los que están a vuestro cuidado, sino siendo ejemplos de la grey. Y cuando aparezca el príncipe de los pastores, vosotros recibireis la* *corona incorruptible de gloria"* (1 Pedro 5:3-4). El príncipe de los pastores aparecerá para premiar con el galardón de gloria a aquel que ha apacentado las ovejas con un corazón humilde, no con una actitud autoritativa.

La Biblia aclara: *"¿No sabeis que los que corren en el estadio, todos a la verdad corren, pero uno solo se lleva el premio? Corred de tal manera que lo obtengais. Todo aquel que lucha, de todo se abstiene; ellos, a la verdad, para recibir una corona corruptible, pero nosotros, una incorruptible"* (1 Corintios 9:24-25). Asimismo, Dios ha prometido dar una corona incorruptible a todo el que gana la carrera.

Segundo, el privilegio de participar en el gozo del Señor. Hay un versículo de la Biblia que dice: *"Su señor le dijo: Bien, buen siervo y fiel; sobre poco has sido fiel, sobre mucho te pondré; entra en el gozo de tu señor"* (Mateo 25:23). Asimismo, le es dado el privilegio de participar en el gozo del Señor a aquel que ha sido fiel en lo muy poco. En Lucas 19:17 se halla el mismo mensaje, pero con otras palabras, y dice: *"Esta bien buen siervo; por cuanto en lo poco has sido fiel, tendras autoridad sobre diez ciudades"*.

Tercero, la gloria que resplandecerá para siempre. *"Los entendidos resplandecerán como el resplandor del firmamento; y los que enseñan la justicia a la multitud, como las estrellas a perpetua eternidad"* (Daniel 12:3). Asimismo, dice que los que enseñan la justicia a la multitud resplandecerán como las estrellas del cielo a perpetua eternidad.

b) El galardón prometido aquí en la Tierra

El mejor fruto del compromiso con Dios es la bendición de la fe. Lucas 6:38 dice: *"Dad, y se os dará; medida buena, apretada, remecida y rebosando darán en vuestro regazo"*. Jesús dijo: *"Dad"*, lo que envuelve tanto lo físico como lo espiritual. Dios devolverá en medida buena, apretada, remecida y rebosando en nuestro regazo, si ayudamos a que otros se afirmen en la fe, y decimos palabras de fe, de esperanza y de amor a los necesitados. En 1 Timoteo 3:13 leemos: *"Los que ejerzan bien, ganaran mucha confianza en la fe"*.

El otro galardón dirigido a los fieles es la bendición en la vida cotidiana. La Biblia enseña: *"Mas buscad primeramente el reino de Dios y su justicia, y todas estas cosas os serán añadidas"* (Mateo 6:33). Gálatas 6:7 dice: *"Todo lo que el hombre sembrare, eso también segará"*. No existe nada gratis en la obra de Dios, y Dios nos bendice abundantemente con el trabajo de nuestras manos. Por tanto, el líder de grupos celulares debe contemplar no los tesoros de esta Tierra, sino el galardón del reino de los cielos, y seguir en la carrera de la misión que Dios le ha confiado.

Los diez mandamientos de un líder de grupos celulares de éxito

1. Tenga convicción del llamado al ministerio.

2. Sea un modelo.

3. Sea un soldado experto en la guerra espiritual.

4. Estudie la Palabra.

5. Viva del rocío de la oración.

6. Establezca un hogar de fe.

7. Practique la paciencia del amor.

8. Hable con carácter.

9. Ayude a que otros logren el éxito.

10. Visualice el galardón del reino de los cielos.

Temas para pensar

- ¿Tiene convicción del llamado al ministerio como líder de grupos celulares?

- ¿En cuál de los diez mandamientos piensa que se desempeña mejor?

- ¿En cuál de los diez mandamientos piensa que se desempeñas peor?

TERCERA PARTE

Los grupos celulares y el liderazgo laico

Siete principios de crecimiento de grupos celulares

Amar a Jesucristo implica amar y cuidar la iglesia; la iglesia es el cuerpo de Cristo. Por tanto, cuidar la iglesia implica amar a Jesucristo pero, por otro lado, despreciar, subestimar o lastimar la iglesia es herir el corazón de Jesucristo. Tenemos que tener en cuenta que la Iglesia es el cuerpo de Cristo, y debemos ser fieles al llamado de cuidarla. Aquel que ama a Jesucristo es amado por Dios, y consigue todo a través del poderoso Nombre de Cristo Jesús.

Dios no hace acepción de personas, mira el corazón del hombre, y usa a gente que se caracterice por su empeño. Dios se complace con las personas que, habiendo recibido dos talentos, trabajan forzosamente para ganar otros dos talentos. Dios no usa a personas que se estancan y se sienten satisfechas por lo que hicieron hasta ese momento; es como hacer un pozo y esconder el talento que ha recibido del Señor.

El líder de grupos celulares que muestre una actitud incorrecta como diciendo: "Si no quieres formar parte de nuestro grupo, pues no lo hagas", está totalmente destinado al fracaso.

El líder de éxito tiene que tener una pasión ardiente, y mostrar amor y paciencia. Dios da al que pide, muestra al que busca y abre al que llama. Dios usa a personas activas, productivas y positivas. Existen principios que deben respetarse, tanto en el crecimiento de un grupo celular como de una iglesia. Los siete principios que presento aquí lo ayudarán a experimentar el crecimiento tanto a nivel de grupo celular como a nivel de iglesia.

1. El principio de visualización

El líder debe visualizar por fe el crecimiento de su grupo celular. La Biblia define: *"La fe es la certeza de lo que se espera, la convicción de lo que no se ve"* (Hebreos 11:1). Fe implica visualizar algo invisible. No se observa con los ojos físicos; pero uno visualiza el resultado de su sueño por fe, como si ya hubiese ocurrido. La fe siempre viene acompañada de la visualización; es decir que sin visualización no hay fe, y sin fe es imposible agradar a Dios. Debemos visualizar el crecimiento de nuestro grupo celular por fe.

a) Establezca metas claras
Visualizar implica tener una meta clara y específica. Por más que un boxeador sea talentoso, fuerte y habiloso, si no logra ver bien, no podrá derrotar a su contrincante. Lo mismo ocurre con el que tira al blanco. Es imposible tirar al blanco sin antes apuntar. De la misma manera, si el líder de grupos celulares no visualiza su meta con claridad, no podra ganar ni un alma para el Señor, y seguirá golpeando el aire.

El mendigo y ciego Bartimeo tenia fe, y decia: "Mi vida cambiará si tan solo pudiera encontrarme con Jesús". Su única meta era tener un encuentro con el Maestro, hasta que un día comenzó a gritar con todas sus fuerzas cuando oyó que Jesús pasaba por aquel lugar: *"¡Jesús, Hijo de David, ten misericordia de mí!"* (Marcos 10:47). Las perturbaciones de la gente no eran un impedimento para él; es más, siguió clamando a toda voz, lo que llamó la atención de Jesús. Jesús lo llamó, y le preguntó: *"¿Qué quieres que te haga?"* (v. 51).

Bartimeo le respondió diciendo: *"Maestro, que recobre la vista"* (v. 51). Y Jesús le dijo: *"Vete, tu fe te ha salvado"* (v. 52). La concentración de Bartimeo en cuanto a su meta resultó en una respuesta clara por parte del Señor, y quedo sano de su ceguera.

La mujer que había padecido de flujo de sangre durante doce años, también tuvo el objetivo claro de tocar a Jesús, porque decía: *"Si tocare tan solamente su manto, seré salva"* (Marcos 5:28). Su objetivo era la fe; en otras palabras, tenía fe en su sanidad. La meta específica que tenía era tocar el borde del manto de Jesús. Y al tocar el manto del Maestro, la fuente del flujo de sangre se secó instantáneamente, y la mujer quedó sana de su azote.

Jesús, sabiendo que había salido poder de su cuerpo, preguntó quién lo había tocado. Cabe recordar que en ese momento mucha gente estaba tocando el manto de Jesús, inclusive, algunos lograron tener contacto físico con el cuerpo de Jesús. No obstante, solo aquella mujer tocó al Maestro con una meta clara en su corazón.

La fe que carece de meta es una fe muerta, y es en vano. Es de vital importancia proseguir a la meta, al premio del supremo llamamiento de Dios en Cristo Jesús. Un propósito puede dar fruto cuando el mismo está ligado a la fe.

El propósito debe estar compuesto por un conjunto de metas claras como, por ejemplo, el nombre de la persona que deseamos ganar, alguna circunstancia particular de ella, etc. Dios es el que produce así el querer como el hacer, por su buena voluntad. Por lo tanto Dios producirá en nosotros el querer ganar almas, nos dará su paz y su gozo, si tan solo nos proponemos pedirlo específicamente. Es sumamente importante establecer un número fijo delante de Dios como confesión de nuestra fe. Debemos tener precaución en no establecer metas extremadamente grandes, porque esto causará el desánimo por parte de nuestro grupo, pero tampoco en establecer metas muy pequeñas, porque de esta manera jamás crecerá nuestro grupo. Tenemos que establecer metas precisas en Dios.

También es recomendable establecer un período de tiempo. Por ejemplo, alcanzar una meta en el plazo de un año, y a su vez evaluar el trabajo cada cierto lapso. Esto producirá expectativa por parte de todo el grupo al mismo tiempo.

La mujer con flujo de sangre se emocionó cuando logró tocar el borde del manto de Jesús, y Bartimeo saltó de alegría cuando sus ojos fueron abiertos.

También establecer un período de tiempo para alcanzar una cierta meta, es importante, porque nos motiva a orar más fervientemente y, además, nos sirve de aceite lubricante en caso de que estemos atrasados en el cumplimiento del objetivo. Las metas deben expresarse en números, porque los números nos ayudan a evaluar nuestro trabajo con exactitud y a mantener alto el nivel de satisfacción.

Es preferible establecer un lugar fijo para la evangelización. El Espíritu Santo descendió en Jerusalén en el día del Pentecostés, pues Jesús había mandado que esperaran al Consolador en Jerusalén. De la misma forma, es eficaz si salimos a evangelizar en el lugar que Dios nos indique.

Jesús dijo: *"Amarás a tu projimo como a ti mismo"* (Marcos 12:31). Por consiguiente, es mejor evangelizar a personas cercanas que incluye el círculo de amigos, familiares y vecinos. Es bueno que el líder de grupos celulares reconozca su zona como la tierra que Dios le ha encomendado, y que siembre en ella la semilla del evangelio.

b) Ore y visualice

Una vez que haya establecido las metas, el líder de grupos celulares debe visualizar el resultado de la meta en sueños y visiones. La visualización es fundamental para que algo nuevo sea creado. Así como la madre concibe a su hijo en su vientre, así como una gallina incuba a los huevos, así como el Espíritu Santo incubó la Tierra cuando esta se encontraba desordenada y vacía, el líder de grupos celulares debe soñar y visualizar el resultado de su meta como si ya hubiese ocurrido.

Aún cuando su grupo celular no sea numeroso, el líder debe visualizar a mucha gente que participa de su reunión, que ora y evangelizan juntos. A pesar de que nuestro intelecto lo niegue, debemos contemplar el crecimiento de nuestro grupo celular con los ojos de la fe.

Para soñar con un grupo celular en crecimiento, tenemos que orar a Dios y pedir la ayuda del Espíritu Santo. El Espíritu Santo viene y nos ayuda a concebir un sueño (ver Hechos 2:17). Debemos orar de acuerdo a la visión que el Espíritu Santo pone en nuestros corazones, y no de acuerdo a nuestra imaginación.

Cuando Abraham –el padre de la fe– escuchó por parte del Señor que su esposa Sara concibiría un hijo, no hizo más que reírse. Pero una noche Dios lo llamó para dar un paseo, y le sugirió que contemplara las numerosas estrellas del cielo, y le dijo: *"Así será tu descendencia"* (Génesis 15:5). A partir de ese instante Abraham soñó todos los días, de día y de noche, a esa numerosa descendencia. Es por esta razón que Abraham creyó, y no se debilitó su fe al considerar su cuerpo, que estaba ya como muerto –tenía casi cien años– ni tampoco al pensar en la esterilidad de la matriz de Sara.

Dios también le concedió un sueño a Jacob cuando este huía de la presencia de su hermano Esaú. Una noche Jacob –que dormía con su cabeza apoyada en una piedra– soñó con una escalera que estaba apoyada sobre la Tierra, y su extremo tocaba el cielo, y veía que los ángeles de Dios subían y descendían por ella. Eso sucedió cuando había quedado como un mendigo, luego de haber trabajado durante veinte años como empleado de su tío. Jacob tomó varas verdes de álamo, de avellano y de castaño, y descortezo en ellas mondaduras blancas; descubrió así lo blanco de las varas, e hizo que las ovejas concibieran corderos delante de las varas. Jacob usó el principio de visualización, y por causa de esto, se enriqueció en gran manera, porque las ovejas parían corderos listados, pintados y salpicados de diversos colores.

José también fue un soñador. Luego de haber soñado que once manojos de sus hermanos se levantaban y se inclinaban hacia el suyo, no dejó de aferrarse a este sueño, aún cuando fue vendido como esclavo por sus hermanos, o cuando fue encarcelado por una calumnia. Al final llegó el día cuando su sueño se hizo realidad.

Hoy el Espíritu Santo nos brinda una grandiosa revelación acerca del futuro. Dios crea un mundo increíble si tan solo visualizamos el crecimiento, y si no quitamos la vista de nuestro objetivo. Por lo tanto, debemos orar creyendo que lo que pedimos, ya lo hemos recibido. Dios busca a los "Abrahames", "Jacobos" y "Josés" de este siglo. Solo el que ora y visualiza logrará el éxito.

c) Confiese con la boca y dé gracias

El sueño y la visión es algo que se concibe en el corazón. Por consiguiente, debe ser confesado a traves de la boca. Dios también confesó la palabra antes de realizar algo específico. Aún en la creación del universo, Dios dijo: *"Sea la luz"* (Génesis 1:3) y se hizo la luz. El resultado de la obra del Espíritu Santo se cumple a través de la confesión de fe.

Jesús dijo: *"Si tuvieras fe como un grano de mostaza, podríais decir a este monte; quítate, y échate en el mar; y os obedecería"* (Mateo 17:20). Esto significa que debes expresar con la boca la fe que guardas en tu corazon, pues es de esta manera que la fe se manifiesta en forma de substancia en el mundo material y físico. La Biblia nos aconseja: *"Todo lo que atéis en la tierra, será atado en el cielo; y todo lo que desatéis en la tierra, será desatado en el cielo"* (Mateo 18:18). Asimismo, la confesión de la palabra es como poner un punto final.

Las palabras negativas producen frutos negativos, y las quejas y las murmuraciones nos alejan de Dios y nos destruyen. El pueblo de Israel fue destruido por el fruto de sus palabras. Por otro lado, las palabras positivas, productivas y creativas, producen buen fruto.

El centurión era un soldado que estaba bajo autoridad. Por eso dijo a Jesús que no era digno de que entre bajo su techo, y que solamente diese la palabra para que su criado fuese sanado. El centurión era un hombre que sabía sobre el poder de la palabra; por consiguiente, solo esperaba que Jesús diera la orden. Jesús, viendo la fe del centurión, sanó a su criado superando la barrera de la distancia (ver Mateo 8:5-13). El líder debe establecer una meta clara en cuanto al crecimiento de su grupo celular, orar por un avivamiento y confesarlo con la boca, pues solo así logrará que el fuego del avivamiento caiga en su grupo.

2. Una reunión preparada

La reunión de grupos celulares es como una fiesta celestial. El Señor Jesús es el protagonista, el líder es el siervo que prepara el banquete, y los integrantes del grupo celular son los invitados especiales. El líder es el siervo que ha hecho todos los preparativos para la gran fiesta, y debe procurar que todos queden contentos y satisfechos. La reunión es la fiesta espiritual que Dios anhela recibir de nosotros. Es imprescindible que el líder muestre toda su capacidad para que el culto resulte hermoso, fiel y abundante en gracia.

a) Prepare una palabra ungida

Así como se necesita preparar un exquisito manjar para invitar a amigos a su casa, usted necesita preparar un mensaje ungido para que su grupo celular crezca. Nunca podrá proclamar un mensaje abundante en poder y gracia, si no lo prepara con suficiente tiempo.

Así como sacrifica su tiempo para ir al supermercado y comprar comestibles adecuados para cocinar su mejor especialidad, debe sacrificar su tiempo para leer y estudiar el bosquejo del mensaje, y preparar la palabra. Primeramente debe leer el bosquejo varias veces, hasta comprenderlo perfectamente. Así como su cocinero le corta la cabeza y la cola al pescado, debe dividir el mensaje en tres partes; introducción, desarrollo y conclusión.

En la introducción es bueno comenzar con una ilustracion fácil, simple y divertida. La introducción de un mensaje es como la entrada de un gran banquete. En el desarrollo, recomiendo dividir el nucleo del mensaje en tres partes, y predicarlo con orden y lógica.

Para esto es recomendable escribir brevemente el mensaje. En cuanto a la conclusión, es bueno resumir el contenido del mensaje, y enfatizar algunas aplicaciones prácticas. Sin aplicación, es como golpear el aire.

Cabe destacar el uso apropiado de apuntes personales. Recomiendo ponerlos entre las páginas de la Biblia, y usarlos para que el mensaje no se vaya por las ramas y resulte demasiado aburrido.

b) Deje que el Espíritu Santo dirija la reunión

El Espíritu Santo tiene que obrar para que el mensaje sea eficaz. Por más que el mensaje tenga una excelente retórica, si el Espíritu Santo no obra es como comer carne sin condimentos y sin ensaladas. Por tanto, tiene que apartar un tiempo en oración para recibir la llenura del Espíritu Santo, y dejar que Él sea el que dirige la reunión.

Sin la llenura del Espíritu Santo el predicador jamás podrá transmitir una palabra ungida, el diablo vendrá a destruirlo y los integrantes del grupo estarán desconcertados.

Es necesario primeramente atar al diablo en oración, y encomendar la reunión al Espíritu Santo, para que la gracia de Dios sobreabunde en la misma. El Espíritu Santo se complacerá en dirigir la reunión en una atmósfera de amor y poder.

Una reunión dirigida por el Espíritu Santo resulta en un culto de alabanza y oración en espíritu. Una adoración en verdad es una reunión centrada en la Palabra, y una adoración en espíritu es una reunión dirigida por el Espíritu Santo.

Sin adoración en espíritu y en verdad, no puede haber avivamiento. Debemos dejar que el Espíritu Santo mismo dirija la reunión, pues Él es el sacrificio vivo que al Señor le agrada.

c) Asegure una atmósfera espiritual de alabanza y acción de gracias

En una fiesta no solamente hay comida, sino el sonido de una música que alegra el corazon del hombre. El ambiente que se vive en una fiesta es acompañada de cánticos, danza, aplausos, gritos de júbilo, etc. Asimismo, en una reunión celular no debe faltar nunca la alabanza y la acción de gracias. La alabanza acompañada de acción de gracias echa fuera el poder de la oscuridad, quita la angustia, el temor, el odio, la envidia y el celo, y hace que sobreabunde el gozo, la paz, el amor y el perdón.

Dios habita entre las alabanzas de su pueblo, y transforma corazones, da vida a muertos y sana a enfermos. El líder de grupos celulares debe procurar una atmosfera espiritual de alabanza y acción de gracias, y dejar que el Espíritu Santo mismo dirija la reunión. En caso de que el líder pronuncie palabras negativas llenas de queja e insatisfacción, y cree un ambiente de envidia y celos, la reunión celular no tardará mucho en convertirse en una plena oscuridad.

Dios es un Dios de atmósfera. A Dios le agrada la atmósfera de gloria donde hay gozo, alabanza y acción de gracias. Debemos ser líderes que conmuevan el corazón de Dios a través de la alabanza y la acción de gracias, y crear una atmósfera de gratitud.

d) Proclame un mensaje de bendición

El mensaje de Jesucristo no es mera sanidad, sino que es *euangelion*, una palabra griega que significa "buena noticia". Asimismo, debemos proclamar las buenas nuevas de bendición en cada reunión. Jamás tienen que salir de nuestros labios palabras de desánimo o de frustración, sino palabras de aliento, de esperanza y de bendición.

El dinero en sí no es pecado. Sin embargo, si una persona llega a olvidarse de Dios y de los pobres por causa del dinero, el mismo se convierte en la raíz de todos los males.

Pero por el contrario, si el deseo de hacer riquezas es para servir a Dios y al projimo de una mejor forma, el dinero en sí no es pecado. Deuteronomio 8:18 dice: *"Sino acuerdate de Jehová tu Dios, porque él te da el poder para hacer las riquezas, a fin de confirmar su pacto que juró a tus padres, como en este día"*. Dios nos ha dado el poder para hacer riquezas.

En la actualidad la economia mundial está en las manos del pueblo judío. Aunque es cierto que los árabes se han convertido en millonarios por la venta de petróleo, los judíos administran todo ese dinero, pues los árabes depositan sus ganancias en los bancos administrados por judíos. Pienso que Dios ha dado al pueblo de Israel el poder para hacer riquezas.

Pero la escritura dice: *"Sabed, por tanto, que los que son de fe, éstos son hijos de Abraham"* (Gálatas 3:7). Es decir que nosotros, los creyentes, somos de linaje de Abraham. Y de ser así, la palabra dirigida a Abraham que dice: *"De cierto te bendeciré con abundancia y te multiplicaré grandemente"* (Hebreos 6.14), también es para nosotros.

La bendición es la promesa de Dios, es la gracia a la que debemos aferrarnos. La bendición es el denominador común del Antiguo y del Nuevo Testamento. Dios es un Dios de bendición. La bendición de Dios no se limita solo en lo material, sino que es integral. Por ejemplo, en algunos casos el sufrimiento puede ser bendición; es decir, la bendición es el escenario donde se cumple la voluntad de Dios. El núcleo del mensaje de bendición es caminar junto con Dios.

3. El bautismo del Espíritu Santo

Un alma convertida vale más que todas las riquezas del mundo. No existe gozo más grande y eterno que cuando un alma se convierte. En consecuencia, el cargo que asume el líder de grupos celulares de cuidar al nuevo, es sumamente importante. Además, en estos últimos días el diablo busca a alguien a quien devorar.

Vivimos en medio de una generación pecaminosa, donde los nuevos conversos pueden apartarse de la fe muy fácilmente. Por consiguiente, debemos brindar a los nuevos miembros una educación sana centralizada en el grupo celular y en la iglesia.

a) Reciba el bautismo del Espíritu Santo

El primer objetivo para una vida cristiana sana es recibir la llenura del Espíritu Santo, que produce un avivamiento explosivo. La base del avivamiento es la obra del Espíritu Santo.

Después de haber resucitado, Jesús apareció delante de unos discípulos que estaban sumamente frustrados, y soplando dijo: *"Recibid el Espíritu Santo"*. La promesa del Espíritu Santo llegó a los ciento veinte que esperaban en el aposento alto y, como resultado de esto, nació la iglesia de Jerusalén.

45 años de esperanza, el milagro de los grupos celulares

Pablo preguntó a los discípulos de Éfeso que se mostraban desilusionados y frustrados: *"¿Recibisteis el Espíritu Santo cuando creisteis?"* (Hechos 19:2). Pablo impuso las manos, vino sobre ellos el Espíritu Santo, hablaron en lenguas y profetizaron. Asimismo, el bautismo del Espíritu Santo es algo básico para cada cristiano, pues es la promesa de Dios.

Todos los integrantes del grupo celular deben recibir el bautismo del Espíritu Santo para que el diablo huya, y tengan gozo, fervor, denuedo y fe. Lo que hace que uno nuevo se transforme en un evangelista de valor, es el bautismo del Espíritu Santo (ver Hechos 1:8). Pero esto no es nada fácil. Primero hay que arrepentirse, y luego anhelar el bautismo del Espíritu Santo con todo el corazón.

Este bautismo desecha la angustia, la frustración, la depresión, y trae gozo, esperanza, osadía y paz. El líder de grupos celulares debe procurar que todo su grupo reciba el bautismo del Espíritu Santo a través de una genuina y profunda comunión con Él.

b) <u>Haga que el poder del Espíritu rebose en otros</u>

El crecimiento de un grupo celular es paralelo a la evangelización de sus integrantes. Es decir, no solo el líder sino todo el grupo debe estar comprometido con el evangelismo. Según las estadísticas, el evangelismo se hace mucho más efectivo a través de los recién convertidos. El fruto del árbol es producido en la rama, no en el tronco. La rama no tiene vida sin el tronco. El líder es el tronco, mientras que los que conforman el grupo son la rama.

Debemos enfatizar la evangelización a todos los que conforman nuestro grupo celular.

A decir verdad, la tarea de evangelizar es una batalla espiritual invisible. Jesús ya ha ganado la guerra. Jesús venció al diablo a través de su muerte y resurrección. Pero esta victoria no tiene eficacia si no la aceptamos. El diablo, ya derrotado, trata por última vez de reconstruir su reino.

Salvar un alma implica librar una feroz batalla espiritual. La evangelización es nada menos que luchar contra un enemigo ya derrotado; y es una responsabilidad de cada creyente. El líder de grupos celulares debe ir al frente de la batalla, y luchar, junto con sus seguidores, hasta obtener la victoria en la guerra espiritual.

Especialmente el reino de Dios se extenderá si un nuevo va al frente de ataque, y hará disminuir el reino del diablo. La evangelización es la mejor arma para hacer crecer el grupo celular. Debemos recibir el bautismo del Espíritu Santo y su poder para ganar en la guerra espiritual y dar fruto.

4. Victoria en la guerra espiritual

Efesios 6:12 dice: *"Porque no tenemos lucha contra sangre y carne, sino contra principados, contra potestades, contra los gobernadores de las tinieblas de este siglo, contra huestes espirituales de maldad en las regiones celestes"*. El líder de grupos celulares es el soldado espiritual que Dios ha escogido para librar batalla contra el diablo.

Básicamente, la razón por la que Dios nos ha llamado es para librar batalla contra el diablo. Si olvidamos este fundamento, fracasaremos como siervos y líderes de grupos celulares, puesto que toda la tragedia de la humanidad es por causa de la desobediencia en el huerto de Edén. El resultado de la caída es el hurto, la muerte y la destrucción. El instigador de todo esto es el diablo.

Detrás de la tristeza y el dolor de la humanidad, está el enemigo que tiene la potestad de la muerte, y los espíritus de maldad. Jesucristo inició su ministerio público confrontando al diablo para preparar su victoria completa sobre el enemigo. El resultado fue la victoria.

Para lograr un grupo celular en crecimiento, el líder debe procurar –junto con sus integrantes– vencer al enemigo en la guerra espiritual a través de la oración insistente.

a) Oración en lenguas

El don de hablar en lenguas es el lenguaje de la oración del Espíritu Santo. El hablar en lenguas edifica a uno mismo, y es un arma poderosa para vencer al enemigo en la guerra espiritual. El deber más importante de un líder de grupos celulares no es realizar visita a hogares y predicar la Palabra, sino orar por el grupo celular y la iglesia. El ministerio en sí es una guerra espiritual, y la oración en lenguas es un arma poderosa.

La oración en lenguas es un lenguaje espiritual, e influye directamente sobre Satanás.

Para mantener todos los días el fuego de la oración usted necesita orar en lenguas. La oración en lenguas es una evidencia física del bautismo del Espíritu Santo, y uno de los dones del Espíritu Santo. Por lo tanto, el hablar mucho en lenguas ayuda a mantener la llenura del Espíritu Santo.

La llenura del Espíritu Santo produce el hacer como el querer con relación a la oración, la evangelización, la lectura bíblica y la protección de su grupo. La evidencia del Espíritu Santo es la pasión.

La oración en lenguas se manifiesta como evidencia de la llenura del Espíritu Santo. Sin embargo, esto no debe terminar aquí. La evidencia mayor de la llenura del Espíritu Santo es anunciar el evangelio en Jerusalén, en Judea, en Samaria y hasta lo último de la Tierra. La llenura del Espíritu Santo debe manifestarse a través de la evangelización.

b) <u>Oración de sanidad</u>

La humanidad necesita sanidad. Después de la caída de Adán y Eva en el huerto de Edén, el espíritu del hombre se ha enfermado y su corazón ha sido herido por el odio, la angustia, el temor, la desesperanza y el sentimiento de culpabilidad. La enfermedad no solo ha alcanzado su cuerpo, sino también a las familias, a la sociedad, a las naciones y a todo el planeta.

Si Jesús estuviese aquí, hubiera llevado a cabo un ministerio de sanidad, sanando la enfermedad del cuerpo, del alma, de las familias y de las circunstancias. Cada vez que entraba a una aldea, Jesús sanaba a los enfermos. Las dos terceras partes de su ministerio lo invirtió en la sanidad. La sanidad es fundamental.

Además de eso, Jesús dio la autoridad para sanar a los enfermos a sus doce discípulos, y luego a los setenta. Antes de su ascención, Jesus dijo: *"Y estas señales seguirán a los que creen: En mi nombre echarán fuera demonios; hablarán nuevas lenguas; tomarán en las manos serpientes, y si bebieren cosa mortífera, no les hará daño; sobre los enfermos pondrán sus manos, y sanarán"* (Marcos 16:17-18).

Dios está muy interesado en la sanidad. Por supuesto, no siempre el cien por cien de la gente que recibe oracion recibe sanidad.

Jesús no solamente derramó su sangre para redimir nuestros pecados, sino que por sus llagas fuimos nosotros sanados; ciertamente Él tomó nuestras debilidades y enfermedades. Jesús estuvo tan interesado en nuestra sanidad que Él mismo llevó nuestras enfermedades. Isaías capítulo 53 dice: *"Por sus llagas fuimos nosotros curados (...) Jehová quiso quebrantarlo, sujetándole a padecimiento"* (vv. 5, 10). Jesús tomó nuestras enfermedades físicas y emocionales. Por consiguiente, tenemos la responsabilidad de orar en el Nombre de Cristo Jesús.

c) Oración espiritual

El grupo celular es el campamento espiritual que Dios ha puesto aquí en la Tierra para librar batalla contra el mundo y el diablo. El líder de grupos celulares es el jefe de sección. El diablo ataca a un ministerio de diversas formas. Esto se debe a que a Satanás le conviene destruir primero los campamentos militares, es decir, los grupos celulares, para que el reino de Dios no siga extendiéndose.

La comisión de la iglesia y de los santos es proclamar el reino de los cielos, anunciar la muerte y resurrección de Jesucristo, y dar a conocer la obra del Espíritu Santo, para que el reino de Dios sea expandido aquí en la Tierra. Satanás intenta detener de todas maneras la expansión del reino de Dios. La iglesia es el cuartel general donde los miembros reciben municiones. Tenemos que recibir las municiones de la Palabra y de la oración, y llenarnos de consolación y nuevas fuerzas para salir a destruir el campamento del diablo. El secreto para vencer a Satanás es la oración espiritual.

Amalec fue el enemigo que se impuso ante el pueblo de Israel para que no entrarse a la tierra prometida, donde fluía leche y miel. Amalec simboliza al diablo que impide que las almas lleguen a las iglesias y al reino de Dios. Moises subió al monte acompañado de Aaron y Hur. Josué salió a luchar junto con su ejército contra Amalec, mientras que Moisés subió a la cumbre del collado para orar.

Aconteció que cuando Moisés alzaba las manos, el cielo se abría, y el ejército celestial descendía para ayudar a combatir contra Amalec.

Pero cuando Moisés bajaba las manos, Amalec prevalecía. Es cierto que Josué estaba librando la batalla, pero la verdadera batalla espiritual la estaba librando Moisés como si él mismo fuera un capitán de ejército.

Lo mismo ocurre hoy. Tenemos que mostrarnos activos para proclamar el reino de Dios aquí en la Tierra. El reino de los cielos se extiende en la iglesia y en los grupos celulares a través de la victoria en la oración. Asimismo, se necesita una oración espiritual fuerte para que los grupos celulares crezcan.

5. Evangelización que suple las necesidades de la gente

No existe ninguna persona que esté libre de los problemas. El hombre no puede vivir fuera de los problemas; problemas familiares, problemas de salud, problemas financieros, problemas espirituales... La gente anhela buscar una solución a sus problemas. Desde esta perspectiva, un grupo celular en crecimiento se distingue por suplir las necesidades y solucionar los problemas de la gente.

Solo los grupos celulares que hagan énfasis en la gracia del Espíritu Santo lograrán solucionar los problemas, tanto personales como familiares y financieros de sus miembros. Los problemas que no tienen solución con la sabiduría y con argumentos humanos, son resueltos por el poder del Espíritu Santo.

Debemos brindarle a la gente una respuesta a sus problemas con la ayuda del Espíritu Santo, y así lograremos sembrar la esperanza del deseo de formar parte de los grupos celulares.

a) Busque ovejas hambrientas y perdidas

Para alguien que no tenga hambre, un manjar no tiene mucho sentido. Es más, puede comerlo como una falta de respeto. Pero para alguien que tenga hambre cualquier tipo de comida le resulta placentero.

Asimismo, para el que esté lleno de las cosas de este mundo, la fiesta del evangelio donde sobreabunda el poder de Dios, no le resulta nada atractivo. Pero los pobres y necesitados inclinan sus oídos al evangelio.

El autor visita a un grupo celular

Lo primero que debemos hacer es salir a buscar a una oveja perdida. Jesús dijo que los pobres, los que tienen hambre y sed de justicia eran bienaventurados. El ministerio terrenal de Jesucristo ha sido desarrollado en medio de los pobres y necesitados, no de los ricos. Lo mismo sucede hoy. Para traer un avivamiento del evangelio, debemos salir en busca de los pobres en espíritu, y de los enfermos. El mejor atajo para el avivamiento es saciar la sed espiritual de la gente. Jesús siempre estuvo con los cansados y los rechazados, como por ejemplo con María Magdalena, la mujer de la ciudad de Sicar, y otros enfermos; eran todas ovejas que tenían una gran necesidad.

b) Busque una solución para los problemas familiares

El mayor interés de una persona pasa por los problemas familiares. El ministerio de Dios comienza con la familia. Pero, desafortunadamente, muchos familiares tienen exceso de problemas. Muchas veces el problema familiar resulta más sensible y complicado por su característica, pues uno guarda el rencor y la amargura en sí mismo, y no lo expresa.

Generalmente, el interés básico de una persona pasa por su relación con su cónyuge y con sus hijos. Las posibilidades aumentan cuando una persona padece de problemas familiares. Por lo tanto, el líder de grupos celulares debe tener la sensibilidad de percibir los distintos problemas familiares que padece su vecino.

También no debe olvidar de preocuparse por las familias de su grupo celular, y orar por ellos en caso necesario. El líder debe considerar a su grupo como su familia, y tomar los problemas de sus miembros como si fueran propios, y orar. Y permitir a quienes hayan obtenido una solución, que brinden un testimonio que inspire a todo el grupo y exalte el Nombre del Señor.

c) Visite al enfermo

El mayor interés de una persona pasa por su salud. Todo parece insignificante para una persona enferma, incluso las riquezas y el poder. Si en estos momentos de gran necesidad, el líder de grupos celulares lo visita para orar por su sanidad, su corazón se ablandará lo suficientemente para que la gracia de Dios penetre dentro de él.

La Biblia dice: *"La oración eficaz del justo puede mucho"* (Santiago 5:16). *"Sobre los enfermos pondrán sus manos, y sanarán"* (Marcos 16:18). Nunca debemos decir: "¿Yo? ¿Orar por el enfermo?" Debemos orar más, y proclamar la fe con denuedo. El Espíritu Santo obra si vamos con el amor de Dios y oramos con lágrimas. Las oraciones conjuntas tienen mucho poder para echar fuera demonios. Debemos orar por los enfermos en cada reunión, porque es la voluntad de Dios sanar a los enfermos.

Busque a los enfermos más que a los sanos, a los que sufren más que a los que están confortables. De esta manera vendrá un gran avivamiento. Los enfermos y los que sufren tienen un corazón abierto, lo que los hace más sensibles al mensaje del evangelio.

6. La armonía del trabajo en equipo

La armonía es muy importante en cuanto al trabajo en equipo. Existe una creencia en que si toda la familia se une en un corazón, todo le saldrá bien. Cualquiera sea el área de trabajo, el principio básico es la armonía.

Jesús trabajó en equipo. El equipo más importante de Jesús estaba compuesto por Pedro, Juan y Jacobo. Por eso, cada vez que el Maestro daba una enseñanza importante, siempre los tres estaban presentes, y luego se convirtieron en las tres columnas más importantes de la iglesia de Cristo. A ese grupo de tres Jesús agregó nueve discípulos, y formó un equipo de doce personas.

a) El Espíritu Santo, el director de nuestro equipo

Cualquiera sea el área de trabajo, el hombre no debe trabajar como un llanero solitario. Jesús envió a predicar las buenas nuevas de dos en dos, y supervisó a sus discípulos en grupos de tres personas. Asimismo, el trabajo en equipo es sumamente importante, y trabajar en sociedad con el Espíritu Santo es lo primordial del trabajo en equipo. El poder que da mayor fruto es considerar al Espíritu Santo como nuestro capitán, y colaborar con Él.

Jesús dijo: *"Porque donde están dos o tres congregados en mi nombre, allí estoy yo en medio de ellos"* (Mateo 18:20). Este versículo significa que donde dos o tres personas colaboran y trabajan en equipo, Dios bendecirá de manera sobreabundante. Dios no obra donde hay división. A Satanás le encanta la división. Pero el Espíritu Santo nos unifica. Por tanto, debemos procurar la unidad del Espíritu, y cuidar el grupo celular según la dirección del Espíritu Santo, para que en el grupo abunde la comunión plena entre los santos, un espíritu de servicio a través de la oración, la manifestación del reino de los cielos, y la sanidad del Espíritu Santo, y haya multiplicación.

b) <u>La humildad de considerar al prójimo superior que a sí mismo</u>

Para establecer un hermoso trabajo en equipo, tenemos que tener la humildad de considerar al prójimo superior que a nosotros mismos. Debe haber una obediencia genuina donde se respeten los dones de cada uno, la autoridad espiritual del líder y la visión de la iglesia.

Debe haber labios de amor que hablen en lo positivo y callen en lo negativo. Las palabras son como la espada; es decir, nuestra confesión puede salvar o matar a alguien. La confesión de nuestros labios es como una semilla de amor que usted planta.

San Francisco dijo: "Señor, úsame como un instrumento de paz. Dejame plantar amor donde hay odio, perdón donde hay herida, unidad donde hay división, fe donde hay duda".

Asimismo, debemos procurar que se manifieste el amor de los unos por los otros, y la unidad del Espíritu Santo.

c) <u>Pureza de relaciones personales</u>

No debemos permitir que el interés propio se infiltre en los grupos celulares. La compra y venta de productos o campañas electorales son factores que destruyen no solo el grupo celular, sino a toda la iglesia. El grupo celular que permita ser invadido por la corriente del mundo, terminará destruyendo la vida de sus integrantes.

Un grupo celular de éxito se caracteriza por orar por la nación y la sociedad, y por ser la luz y la sal del mundo.

7. El mejor servicio

La iglesia es una comunidad espiritual abierta al servicio de la sociedad. Debemos procurar que los miembros puedan recibir la gracia de Dios sobreabundantemente a través de la Palabra, y asegurar una excelente organización para que los miembros puedan adorar al Señor con toda comodidad, especialmente brindando el mejor servicio a los nuevos. ¿Quién querrá asistir a la iglesia si el sermon es aburrido y los ujieres son irrespetuosos?

a) El servicio de la Palabra

Lo mismo sucede en el grupo celular. El líder de grupos celulares debe preparar el mensaje con todo el corazón. Por ejemplo, un líder de grupos celulares no puede cometer errores en cuanto a la lectura del bosquejo, pues eso reflejará su falta de preparación. Tampoco puede hablar cosas ajenas al mensaje del domingo, pues solo causará confusión de parte de sus seguidores.

Sé que no resulta nada facil preparar un buen mensaje; sin embargo, debemos leer minimamente el bosquejo tres veces y agregar ilustraciones que ayudarán a transmitir el mensaje más eficazmente. Otra cosa importante es la actitud del predicador. El líder no puede predicar la palabra leyendo el bosquejo, sino que debe mirar fijamente a la gente y usar el lenguaje corporal.

Tenemos que brindar a nuestros oyentes el mejor servicio, y eso requiere preparar el mensaje con sinceridad y precisión.

b) Un servicio conmovedor

El grupo celular crece cuando hay un servicio conmovedor, como por ejemplo ayudar al débil a través de la oración, ayudar a

45 años de esperanza, el milagro de los grupos celulares

recibir el bautismo del Espíritu Santo, visitar hogares y ayudar en sus quehaceres. Este trabajo se hace mucho más efectivo cuando se trata de un inconverso, pues él no rechazará la invitación a una reunión de grupo celular.

A pesar de la ubicación geográfica, hay restaurantes que siempre están llenos de gente por su excelencia en comida y en servicio. La iglesia no puede ser una excepción. La iglesia tiene que ser una fábrica de amor, y una entidad que se caracterice por brindar un servicio conmovedor. El grupo celular es como la rama de una gran compañía, que es la Iglesia. Por tanto, debe brindar el mejor servicio a sus "clientes".

El evangelio del cielo es como un producto de marca registrada en el cielo, y para lograr un buen número de ventas, el líder de grupos celulares debe brindar a sus clientes el mejor servicio, pues así logrará que su grupo celular crezca, y con el crecimiento de su grupo aportará al crecimiento de la iglesia.

Siete principios de crecimiento de grupos celulares

1. Establezca metas claras, ore por ellas y visualícelas.

2. Prepare una reunión donde sobreabunde la gracia de Dios.

3. Procure que todos los integrantes del grupo celular reciban la llenura del Espíritu Santo.

4. Triunfe en la guerra espiritual.

5. Evangelice supliendo las necesidades de la gente.

6. Trabaje en equipo.

7. Brinde el mejor servicio.

Temas para pensar

- ¿Tiene una meta clara en cuanto al crecimiento de su grupo celular?

- ¿Por qué es importante recibir el bautismo del Espiritu Santo?

- Aparte un tiempo para hablar con otros sobre la visión y el sueño que Dios le ha dado con relación al crecimiento de su grupo celular.

Inspiración y estímulo para la vida

Cambia tu mentalidad

DAVID YONGGI CHO

Mentalidad de derrota, escasez y enfermedad dan como resultado una vida miserable. La buena noticia es que es posible cambiar la manera de pensar, para cambiar la manera de vivir.

"Este libro contiene el mensaje que siempre he querido comunicar. Por más de 45 años he sembrado esperanza en la gente, y he obtenido resultados asombrosos."

David Yonggi Cho

El pastor de la iglesia más grande del mundo nos enseña lo que ha sido la base de su exitoso ministerio.

Aquí encontrará:

- Que es posible cambiar su destino, condición económica y familiar
- Cómo cultivar una actitud positiva frente a los desafíos
- Que la perseverancia es el factor clave de una vida de victoria
- Cómo una persona comunicativa vive mejor y rodeada de afectos
- La forma de transformar la derrota en triunfo, la amargura en felicidad y la enfermedad en salud

www.editorialpeniel.com

Más
secretos
para una
vida de fe
exitosa

DAVID YONGGI CHO

LA CUARTA
DIMENSIÓN

volumen
2

Más secretos para una vida de fe exitosa.

Peniel

Viaje junto al doctor Cho a través del Segundo Volumen de La Cuarta Dimensión y descubra...

cómo moverse junto al Espíritu Santo.

cómo ver claramente el resultado de nuestra oración.

cómo arder en la visión del Señor.

los instrumentos clave de la Cuarta Dimensión.

el poder creativo del lenguaje.

cómo vivir una exitosa vida de fe.

Peniel

w w w . e d i t o r i a l p e n i e l . c o m

La fe en Dios mueve montañas

PARA EL QUE CREE TODO ES POSIBLE

El problema más grande del siglo XXI no es la falta de recursos, sino la falta de esperanza.

Definitivamente, el hombre moderno carece de esperanza. En todos los rincones de la Tierra notamos que abunda la guerra, el terror, la calamidad, la pobreza, la maldición y el sufrimiento. Los estudiosos se preguntan: "¿Acaso habrá alguna esperanza para esta generación?" Creo que esta pregunta nos involucra a todos.

¿Recuerda al hombre que se acercó a Jesús para pedir ayuda por su hijo que se encontraba endemoniado? Aquel padre dijo: "Señor, si puedes hacer algo, ¡ayúdame!" El Señor le respondió: "Si puedes creer, al que cree todo le es posible". La familia fue totalmente transformada al recibir esa respuesta, ya que produjo un cambio en la manera de pensar y de hablar.

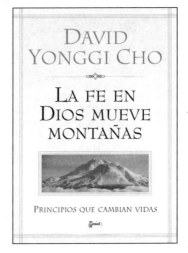

Los principios aquí establecidos cambiarán tu actitud, para que puedas conquistar y señorear sobre cualquier circunstancia. Cuando alguien cree que "la fe en Dios mueve montañas", experimentará los milagros a cada momento.